中国国防

彭光谦 赵智印 罗 永 著

五洲传播出版社

图书在版编目（CIP）数据

中国国防 / 彭光谦，赵智印，罗永著 . —2 版 . —北京：五洲传播出版社，2010.1
ISBN 978-7-5085-1309-6
I. 中 ... II. ①彭 ... ②赵 ... ③罗 ... III. 国防建设－概况－中国 IV. E25
中国版本图书馆 CIP 数据核字 (2008) 第 058044 号

总 顾 问／王　晨
总 策 划／王仲伟
总 监 制／郭长建
出 版 人／李向平
主　　编／吴　伟

中国国防

著　　者／彭光谦　赵智印　罗　永
责任编辑／郑　磊
装帧设计／田　林　傅晓斌
制　　作／北京原色印象文化艺术中心
图片提供／China Foto Press
出版发行／五洲传播出版社（北京市海淀区北小马厂 6 号　邮编：100038）
电　　话／8610 － 58891281（发行部）
网　　址／www.cicc.org.cn
承 印 者／北京博海升彩色印刷有限公司
版　　次／2010 年 1 月第 2 版第 3 次印刷
开　　本／787×1092 毫米　1/16
印　　张／8
字　　数／100 千
定　　价／38.00 元

出版前言

　　中国的改革开放及其所创造的经济奇迹，使中国综合国力显著提升，国际影响日益扩大。"中国热"在世界各地方兴未艾，外国朋友了解和认识中国的愿望越来越强烈。为帮助那些热切渴望了解中国的外国朋友找到捷径，在短时间内能对中国的基本情况有所了解和掌握，我们组织有关专家学者撰写了"中国丛书"。

　　"中国丛书"共计12册，分别介绍中国的地理、历史、政治、经济、文化、法律、外交、国防、社会、科技与教育、环境、民族与宗教，可谓中国的一些基本情况。了解这些，是读懂中国的初步和入门。

　　我们希望，读者朋友通过"中国丛书"，对中国的各方面情况能有一个大致的了解。首先，认识中国的历史与文化。历史与文化是一国文明的根基和载体。作为人类文明的一种重要形态，中华文明独树一帜并传承至今。中华文化底蕴深厚，历来为世人推崇。其次，了解中国的基本国情。中国是世界上最大的发展中国家，人口多、底子薄，发展不平衡。中国从自己的国情出发，坚持走自己的路，坚持可持续发展，同时吸收人类文明成果。最后，知晓中国的未来发展路向。在中国共产党的领导下，中国坚持以经济建设为中心，坚持改革开放，对内建设和谐社会，对外推动建设持久和平、共同繁荣的和谐世界。

　　我们期待着"中国丛书"帮助朋友们开始一次崭新的"发现中国之旅"。

2010 年 1 月

目 录

1   前　言

3   中国和平发展与中国国防

17   新安全观与防御性国防政策

29   科学发展观指导下的国防和军队建设

43   中国武装力量及其历史使命

63 以人民战争为基础的积极防御战略

75 中国特色军事变革与创新

87 独立自主的中国现代国防科技工业体系

105 维护世界和平与促进共同发展的重要力量

前 言

　　中国国防历来是中外读者十分感兴趣的话题。作为一个经济快速发展中的大国，当前中国国防现代化建设的状况如何？中国实行什么样的国防政策？坚持一条什么样的国防发展道路？中国国防力量的发展对世界和平与稳定会有什么贡献？本书将从事实中寻求答案，与读者一起走近中国国防。

中国和平发展与中国国防

国无防不立，民无防不安，有国必有防。

国防伴随国家的产生而产生，服务于国家利益。国防保障着国家的安全、民族的尊严、社会的发展。

1945年通过的《联合国宪章》，第一条就规定宪章的宗旨是"维持国际和平及安全"，"防止且消除对于和平之威胁，制止侵略行为或其他和平之破坏"活动。

建设国防，保卫国民的和平生活，是国际法赋予每一个主权国家的基本权利和神圣职责。

进入21世纪，虽然世界大战的惨祸逐渐在人们的记忆中淡去，世界和平事业不断向前发展，但天下并不太平，强权政治仍然存在，战争根源仍然存在，战略扩张、民族纠纷、宗教矛盾、领土与资源争夺不时引发战争。在国际社会迄今还没有强制执行机制足以制止战争爆发的情况下，加强国防，抵御侵略就成为各个主权国家生存与发展的基石。

4

（一）中国历史的深刻启迪

中国是世界上仅有的文明历五千年而从未中断的古国。几千年来，中国的先民们日出而作，日落而息，在自己的土地上创造了农业时代的辉煌。但是近代屡遭外敌入侵，饱受列强蹂躏。

自19世纪以来，在工业革命中崛起且急于开辟世界市场、寻找投资场所、攫取战略资源的西方列强，用工业革命中锻造的洋枪洋炮敲开了古老中国的大门，对中国发动了一场又一场侵略战争和掠夺战争，包括19世纪英国殖民军对中国发动的第一次鸦片战争、英法联军对中国发动的第二次鸦片战争、日本军国主义对中国发动的甲午战争，20世纪八国联军对中国发动的侵略战争、日俄两个帝国主义国家为争夺殖民地在中国领土上进行的日俄战争以及日本军国主义对中国的全面侵略战争，给中华民族造成了深重的灾难。其中，

自1840年鸦片战争后，数以千万计的中国人为争取国家独立、民族解放和民主自由献出了自己的生命。人民英雄纪念碑就是为纪念他们而建的。

2007 年 7 月 7 日，9 位经历过当年"七七事变"的抗战老兵在 70 年后重返卢沟桥，缅怀历史。图为一名老兵在卢沟桥上敬礼留念。

鸦片战争可以说是世界战争史上规模最大、最肮脏、最无耻的贩毒战争，而日本军国主义对中国的全面入侵则是最野蛮、最残暴、最血腥的侵略战争。1840 年鸦片战争前夕，西方对中国的鸦片走私年输入量达 4 万余箱，从中国掠走白银多达 2000 万两。西方殖民者用战争手段在中国的土地上划分势力范围，建立治外法权，割占中国领土，勒索巨额银两，屠杀中国同胞，抢掠中国资源。从 1842 年 8 月 29 日的《中英南京条约》到 1948 年 11 月 14 日的《中美航海通商条约》，列强先后强迫中国政府签订了 1175 项条约，其中被迫与英、法、美、日、德、俄签订 862 项，占全部条约的 75%，这些条约绝大部分带有强权、奴役、欺凌的不平等性质。通过南京条约、北京条约、天津条约、伊犁条约、马关条约、辛丑条约、拉萨条约、烟台条约等不平等条约，仅战争赔款一项，西方对中国勒索折合银元即多达 19.53 亿两，相当于清政府 1901年财政收入的 16 倍、1901 年全国工矿总资额的 82 倍。在中国的内河，侵略者的炮舰横冲直撞，如入无人之境。日本军

国主义对中国的入侵，其血腥罪行更是罄竹难书。这场战争给中国军民造成的伤亡高达3000万人，其中仅南京大屠杀就有30万人惨遭杀害；这场战争造成中国直接经济损失至少1000亿美元，间接损失超过5000亿美元。这不仅是

2007年12月13日，悼念南京大屠杀30万同胞遇难70周年仪式暨南京国际和平日集会在江苏南京举行。

中国历史上最黑暗的一页，也是世界历史上最黑暗的一页。

　　今天中国人民正以宽阔的胸怀走向世界，与世界各国人民友好合作，携手前进，面向未来。但历史不应被忘记，悲剧决不能重演。一个忘记昨天的民族是不可能把握今天、开创明天的。痛定思痛，中国人民更加清楚地认识到国防建设的极端重要性，更加坚定建设强大的现代化国防、维护国家主权与安全的决心和信心。

（二）和平发展的根本保障

　　和平是中国的一贯追求，发展是中国的第一要务。

　　中国改革开放度过了30年的历程。中国的和平发展不仅日新月异地改变着中国的面貌，也成为影响世界包括亚太地区政治、经济、军事、社会及文化等方面全面发展的积极因素。

　　历史经验证明，和平发展并不是一条笔直的平安大道。只有巩固的国防，才能为和平发展提供可靠的战略支撑，才能维护发展所需要的稳定的外部环境，才能争取到尽可能长的和平发展时间。当前，国际形势继续发生着深刻而复杂的变化，

中国和平发展面临的机遇前所未有，中国和平发展面临的挑战也前所未有。国防实力在综合国力中的重要地位并没有改变。国防实力仍然是国家强大与否的重要标志之一。在当今世界综合国力的竞争中，军事安全因素对国际战略格局的影响上升，国防实力对保障国家安全和维护国家利益仍然具有不可替代的作用。和平与发展仍然是时代的主题，但干扰和平与发展的不确定因素也在增多，传统安全威胁和非传统安全威胁因素相互交织，安全威胁的综合性、复杂性、多变性，对中国安全环境产生重要影响，加大了维护国家安全的压力。中国面临的全面建设小康社会的战略机遇期，既是可以大有作为的"黄金发展期"，同时又是面临诸多安全威胁与挑战的"矛盾凸显期"。随着国际战略格局的演变、国际竞争重心和各国战略目标的转移以及经济全球化进程的加速与扩张，中国的政治安全、经济安全、文化安全、信息安全等新的安全问题突出。中国和平发展面临的复杂形势决定了中国当代国防建设任务的艰巨性和必要性。中国国防是支撑中国和平发展的坚强柱石和后盾，是中国和平发展的前提和根本保证。建设强大的国防与中国坚持和平发展道路是完全一致的。

（三）安全环境的现实选择

1．复杂的地缘安全环境

中国位于欧亚大陆东部边缘地带，地处大国地缘战略利益的交汇区，国家安全很大程度上受大国战略角逐的影响，变量众多，地缘安全环境复杂。

中国是世界地缘政治中心欧亚大陆大棋盘上的东部大板块之一，居于欧亚大陆地缘战略区与海洋地缘战略区的结合部，背依欧亚大陆，面向浩瀚的太平洋，连接东北亚、东南亚、西亚和中亚等战略要地。中国所在的亚太地区是世界人口密集、大国最集中的地区。世界人口逾亿的 10 个国家中有 7 个聚集在这里。这里也是当代世界热点和危机爆发点最多的地区。世界公认的五大力量中心，除欧洲外，美、中、俄、日均直接交汇于此。世界核俱乐部的主要成员，事实上的有核国家和核门槛国家在中国周边构成世界上最密集的核分布圈，储存有足以毁灭人类若干次的核武器。特别是各核力量主体之间存在不同程度的利益矛盾，一旦引发核危机，无疑都将

中国政区图

中国政区图

给中国带来灾难性的影响。作为世界海洋地缘战略区和欧亚
大陆地缘战略区的结合部，这里历来是各种战略力量的必争
之地，是大国战略角逐的漩涡。边缘战略学派以这里为夺取
心脏地带的战略依托，海权战略学派把这里作为向陆地进军
的桥头堡，陆权战略学派则以这里为雄踞欧亚大陆，辐射海
洋的战略枢纽。19 世纪中叶以来，西方列强纷纷麇集于此，
展开厮杀，瓜分中国。冷战时期，这里是两大阵营对抗的"东
方前哨"，是东西方遏制与反遏制、封锁与反封锁、包围与反
包围的重要战线，世界主要战略力量在这里展开了近半个世
纪的较量。冷战后，两极格局解体，世界战略格局严重失衡。
在新的战略格局的形成过程中，为争取在新格局中的有利地
位，各种战略力量在这里展开了激烈的竞争，中国所处地区
仍旧动荡不安。

朝核问题北京六
方会谈——中国
历来主张通过和
平对话解决地区
安全问题。

中国的南疆大门——南沙群岛永暑礁

　　中国长期奉行和平共处五项原则，坚持"与邻为善、以邻为伴"的方针，而且与周边绝大多数邻国有着传统友谊，有着相似的历史遭遇，有着维护和平与发展经济的共同愿望，与周边邻国总体上保持着和平友好合作关系。但是，不可否认，由于中国周边地区民族分布和构成不同，经济发展水平悬殊，宗教信仰和文化传统各异，存在着区域内和区域间的巨大差异，加上历史和现实的原因，容易产生各种各样的矛盾和磨擦，其中很多都是新老殖民主义、霸权主义遗留下来的。周边国家国内经济、政治、军事形势的演变，对华政策的调整，以及周边国家之间关系的变化，都不能不对中国的安全环境产生重大影响。

　　这种地缘安全环境要求中国建设必要的国防力量，以应对可能的各种复杂局面。

2．世界军事发展与新军事变革的挑战

　　20 世纪 70 年代以来，一场以信息化为特征的世界性新

军事变革在全球兴起。在这场军事变革中，美国以其雄厚的
国力与军力为基础，率先投身军事变革，以打造信息化作战
平台，以建设智能化、网络化、全能化、全维化军队为核心，
全面推动军事思维方式、军事理论、军队结构、武器装备体
系转型，成为当代世界军事新变革的"领头羊"。20世纪90
年代以来的海湾战争、科索沃战争、阿富汗战争以及伊拉克
战争，展示与验证了美国推进新军事变革所获得的军事效能。
美洲、欧洲、亚洲的几十个国家也纷纷投身变革，从本国国
情军情出发，制定发展战略，确定发展重点，加大国防投入，
从增加国家战略能力的高度提升军队现代化建设的地位，加
快信息化作战体系建设，全面提高国防与军队信息化水平。进
入21世纪，这场世界性新军事变革呈加速发展之势。它不仅
日益深刻地改变着现代战争面貌，改变着现代战争方式与战争
形态，而且使世界军事力量失衡日益加剧，导致国际战略格局
的重组和世界政治地图的重划。世界新军事变革的深入发展正
在从根本上改变着世界各国战略力量对比的物质要素。工业技

术优势正在让位于信息技术优势。信息化作战体系的完备程度与信息化作战能力的强弱成为衡量一个国家战略能力高低的关键尺度，决定着一个国家的安全系数以及一个国家在未来国际战略格局中的地位。在这场重大的历史性军事变革中，信息化建设上的"技术差"将日益转化为国家行为能力上的"战略差"。从当代世界军事发展趋势来看，如果不采取有效措施，加强国防现代化建设，提高信息化战争的体系对抗能力，这种差距还有进一步拉大的危险，甚至有可能出现新一轮的"时代差"。面对巨大的时代压力，中国要想自立于世界民族之林，就必须加强国防现代化建设，推动中国国防和军事系统的全面转型。中国国防和军队现代化建设，对中华民族的长远发展和历史命运具有极为重要的意义。

3．日益凸显的非传统安全

当今世界，非传统安全日益上升，包括恐怖主义、走私

2008年7月2日，武警山东省总队在济南举行奥运安保反恐新装备演习。武警演示单兵反恐突击车。

中国武装力量是
中国国家安全的
根本保障。

毒品、大规模杀伤性武器扩散、信息网络攻击、民族宗教冲突、跨国犯罪、经济难民和非法移民、经济和金融危机、能源安全、生态和环境问题等已成为全球性的安全问题。中国也不例外。

经济安全。改革开放30多年来，中国经济仍保持高速增长速度。但在经济保持高速增长的背后，经济的不安全隐患依然存在。一是中国与世界的经济关系越来越复杂，对外部的敏感性提高。随着中国对外贸易总额的大幅增加，近年来，中国与国外的贸易磨擦、贸易争端越来越多。二是世界经济对中国的影响与压力越来越明显。随着中国在市场和投资领域的进一步开放，国外产品大量涌入，跨国公司在中国大力拓展业务，不仅对中国国内企业带来竞争压力，而且中国的经济产业结构也将被迫调整。同时，中国的经济主权面临着越来越多的来自外部的干扰。

信息安全。信息技术的发展与广泛应用，深刻改变了人们生活、生产与管理的方式，加快了国家现代化和社会文明

▶ 资料链接

"三股势力"

指境内外民族分裂势力、宗教极端势力和暴力恐怖势力。"三股势力"以宗教极端面目出现，以"民族独立"为幌子，一方面制造舆论，蛊惑人心，一方面大搞暴力恐怖活动，破坏社会安定。根本目的就是制造混乱，把新疆地区从中国分裂出去，企图实现新疆"独立"。

的发展，但由于信息技术本身的特性，特别是信息和网络无国界的特点，信息化进程中存在着巨大的信息安全风险。当前，中国信息安全面临着种种挑战。一些敌对势力一直在对中国进行网络攻击，并通过网络对中国展开舆论争夺、思想渗透和文化侵略，威胁着中国社会的安定和稳定。

恐怖主义的隐患。"9·11"事件后，恐怖主义成为国际和平与稳定的重大威胁。中国周边地区恐怖主义活动日益猖獗，并向中国境内渗透蔓延。中国境外与中国境内的三股势力相互勾结，相互呼应，在国际反华势力的庇护、支持与怂恿下，兴风作浪，对中国边境地区的社会稳定、民族团结和人民生命财产安全造成严重危害。恐怖主义和民族分裂势力的破坏活动已成为危害国家安全、破坏地区稳定的祸端。

4．国家核心利益中的台湾问题

台湾自古就是中国的神圣领土。台湾问题所涉及的不是中国的一般利益、局部利益，而是中国的国家核心利益，它也是中国国家安全的枢纽性问题。

两岸同胞是血脉相连的命运共同体，中国是两岸同胞共同的家园。维护国家领土主权完整与民族团结，对中华民族来说，不是一时的政治诉求和一般的政治选择，而是千百年华夏历史长河的积淀中形成的一种强烈的历史意识，是牢牢根植于中华五千年文明沃土之中的民族情感，是中华民族优秀文化传统的核心与精髓。中国伟大的民主主义革命先行者孙中山指出："统一是中国全体国民的希望，民之所欲，天地从之。"中华文化中的这种"大一统"的聚合思维，凝结着中华民族世世代代血浓于水的深情，寄托着中华民族生死与共、福祸相依的理念，它是中华民族的最高价值观。

台湾作为中国东南沿海的海上前哨与海防屏障，扼守西太平洋海上航道要冲，历来与大陆互为拱卫，攻防一体。台湾离不开大陆，没有960万平方公里的辽阔国土作为依托，

台湾海峡地图

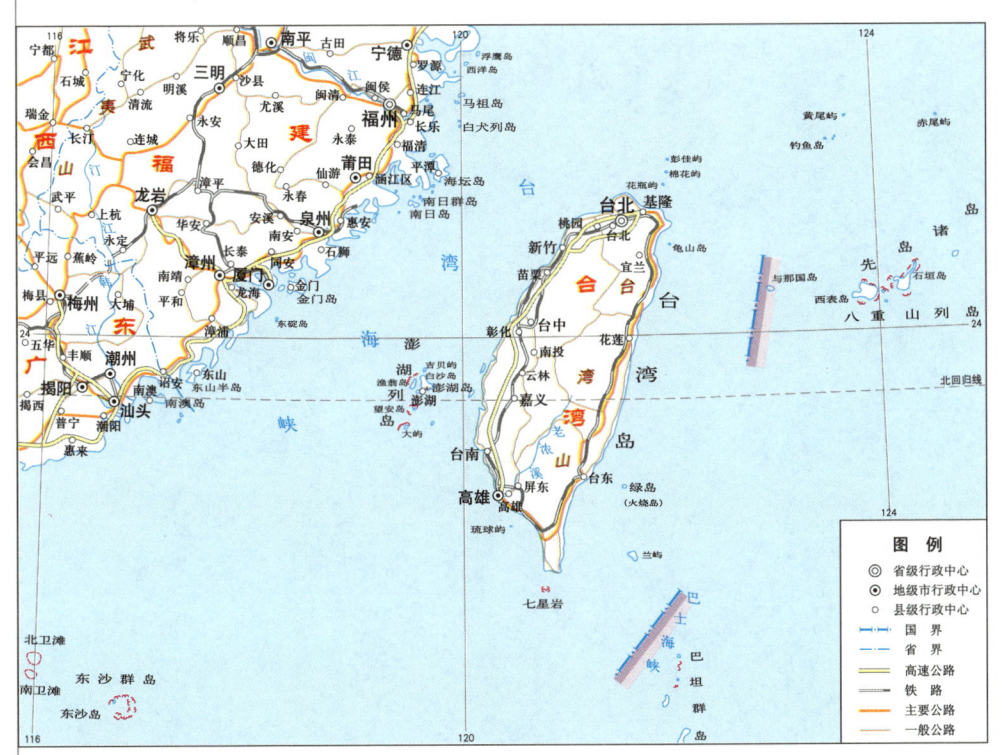

仅台湾一岛孤悬海外，在太平洋的惊涛恶浪中只能成为强权主义的猎物，只能听任列强侵吞瓜分，重演昔日沦为殖民地的悲剧。同时，祖国大陆也不能丢失台湾，一旦台湾沦于外敌和分裂主义势力之手，台湾不但失去屏障作用，使中国大陆大门洞开，整个海上战略防御纵深顿失，海防体系遭到破坏，而且台湾将进而成为外敌进攻中国大陆的跳板和据点，成为威胁中国大陆安全的"不沉的航空母舰"。显然，在这个关系国家安全的问题上，中国人民没有让步的余地。

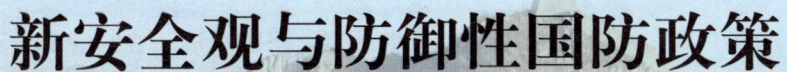

新安全观与防御性国防政策

　　在中国北方的万里长城是中国古代最为雄伟浩大的战略防御工程。它是中华民族战略防御思想的物化和缩影，是中国防御性国防政策的象征。中国防御性国防政策植根于中国优秀的战略文化传统之中，中国防御性国防政策的思想基础是中国一贯倡导的新安全观。

（一）互信、互利、平等、协作的新安全观

所谓安全观，是指对安全问题的最一般的看法与观念。作为国家的安全观，它包括安全利益与安全性质的认定、安全环境与安全关系的判断、安全目标与安全秩序的追求、安全途径与安全手段的选择等基本安全问题的根本认识和根本观念。它对筹划与制定国家的安全战略和安全政策起着内在的决定性作用。

20 世纪中期，第二次世界大战结束以来，东西方长期处于两极对峙之中，安全观主要表现为对抗安全、集团安全、单边安全和绝对安全。这种安全观都是以冷战思维和"零和"思维为特征的，强调一切以意识形态和社会制度的异同划线，以意识形态和社会制度的异同区分敌友；强调安全是一种对抗性的非得即失、你得我失的"零和"关系，认为对方的安全就是自己的不安全，别人的强大就是对自己安全的挑战，特别是与自己政治制度不同的国家如果强大则是最大的挑战。结果，这种安全思维不但未能带来和平与安全，反而最终造成越来越严重的战争危机。冷战对峙中的双方为了安全，都建立了足以毁灭人类多次的庞大军事机器，结果并没有使自己获得安全，反而进一步加剧了不安全感。

冷战结束后，国际战略格局和安全环境发生了重大变化，特别是进入 21 世纪以来，人类社会进入了一个新的历史转型期。技术型态信息化、全球经济一体化、战略格局多极化、国际关系民主化以及军事手段高技术化等历史趋势的加速发展，迅速改变着人类社会面貌和国际安全格局。经济全球化使各国利益相互依存度空前加深，生产的国际合作、资金的跨国流动、商品的全球交换推动着各国利益的相互渗透与相

互融合，形成你中有我、我中有你，一损俱损、一荣俱荣的局面。人类社会越来越紧密地联系在一起，成为一个安全共同体，面临越来越多的共同安全问题和共同安全利益。现代战争手段的巨大毁伤性，也日益超出战争目的的要求，甚至走向战争目的反面，形成战争目的与手段的悖论。在新的安全环境下，一个国家的安全很难靠战争手段获得，很难建立在别国的不安全之上。世界要和平，人民要合作，国家要发展，社会要进步，成为历史发展的客观要求与时代的呼唤。经历了两次世界大战的浩劫和半个世纪冷战对峙的磨难，各国人民渴望世界持久和平，渴望过上安宁稳定的生活，渴望建立合理的安全结构和安全秩序，渴望促进共同发展和共同繁荣，共创人类美好的未来。

正是在这一时代背景下，中国适时提出了旨在缔造长期稳定安全可靠的国际和平环境的新安全观，其核心是互信、互利、平等、协作。新安全观在新的时代条件下，发挥与发展了和平共处五项原则的基本精神，彻底摒弃了"冷战思维"，是适应时代需要的具有普遍意义的新安全观，是继和平共处五项原则之后中国对国际关系又一重要贡献。它与以往的旧安全观有着根本区别。它是以维护和平、共享安全为宗旨的新安全思维。互信、互利、平等、协作的核心内涵是相辅相成的有机整体：互信是新安全观的基础，互利是新安全观的目的，平等是新安全观的保证，协作是新安全观的实现方式。

互信是维护和平的思想基础。互信要求互不猜疑，互不敌视，不人为地以别国为假想敌，不人为地为迎合某种势力的需要而刻意去制造一个敌人。在世界多极化过程中，实力对比的变化本身并不对世界安全构成威胁。构成威胁的是变化了的实力对霸权主义和强权政治的无限追求。要做到互信，

2008年3月12日，中国—东盟高级防务学者对话在北京举行，此项活动由中国人民解放军军事科学院主办。来自东盟各国防务战略研究机构及主办国的20余名专家参加了此次活动。

就必须摒弃意识形态偏见，摒弃冷战思维。

互利是维护和平的物质基础。世界正越来越成为一个相互联系、相互依存的整体。一个国家、一个地区的安全正越来越有赖于国际整体安全的实现。互利要求在实现本国安全利益的同时，也充分考虑和尊重别国的安全利益，以实现安全利益的共享和共赢，而不是无视和损害别国的正当的安全利益，更不是把本国的安全建立在别国的不安全之上。如果一意以邻为壑，损人利己，只顾单方面安全，就不可能有真正的安全可言。

平等是维护和平的政治基础。中国主张，国家不分大小、贫富、强弱，都是国际社会的平等一员，都有享受和平与安宁、维护自己安全利益的平等权利，在国际安全事务中都有平等的发言权。世界安全事务由各国共同做主，不能以实力大小来谋求不受国际社会制约的特殊权利，不能以大压小，以强凌弱，以富欺贫。要尊重世界的多样性，反对一个国家控制另一个国家，反对由一个国家或几个国家主宰世界安全事务。

协作是维护和平的现实途径。中国认为，世界共同面对的安全问题需要大家一起携手合作。协作不是结盟，不是排他性的，不是制造对抗，不是针对第三国，而是建立在互信、互利、平等基础上的开放式的、以共同维护和平为目的新型安全机制，它旨在通过和平对话消弭不安全隐患，预防军事冲突，以平等协商探讨解决安全问题的有效办法，以协调一致的行动克服危机，而不是诉诸武力和以武力相威胁。

中国倡导的新安全观，摒弃了以意识形态划分敌友和以对抗性的"零和"关系认识和处理国家安全问题的冷战思维，反映了新世纪世界和平与发展的时代呼声，反映了历史发展的大趋势，符合时代的发展需要和全人类的共同安全利益。它具有鲜明的时代特色，是一种全新的安全思维。它是和平共处五项原则在新时期的继承和发展，是中国"以和为贵"的优秀文化传统在当代的新体现，是在现代化道路上阔步前进的中国对当代国际政治与国际安全的一个重要理论贡献。

（二）中国国防政策的主要内容

以新安全观为基础，中国奉行防御性的国防政策。中国国防的根本任务，是维护国家安全和领土主权完整，保障全面建设小康社会的战略目标的实现。国防和军队建设，在中国特色社会主义事业总体布局中占有重要地位。中国国防政策的要点是：

维护国家安全统一，保障国家发展利益。防备和抵抗侵略，确保国家领海、领空和边境不受侵犯。反对和遏制"台独"

分裂活动，防范和打击一切形式的恐怖主义、分裂主义和极端主义。军队全面履行历史使命，不断提高应对多种安全威胁、完成多样化军事任务的能力，确保能够在各种复杂形势下有效应对危机、维护和平，遏制战争、打赢战争。

实现国防和军队建设全面协调可持续发展，坚持国防建设与经济建设协调发展的方针。把国防和军队现代化建设融入国家现代化建设的战略全局之中，使国防和军队现代化进程与国家现代化进程相一致，注重国防经济与社会经济、军用技术与民用技术、军队人才与地方人才的兼容发展，使国防建设与经济建设相互促进，在全面建设社会主义小康社会的进程中实现富国与强军的统一。

加强以信息化为主要标志的军队质量建设。坚持走中国特色的精兵之路，实行精干的常备军与强大的国防后备力量相结合，加紧构建适应信息化战争需要的联合作战指挥体制、训练体制和保障体制，加强诸军兵种的综合集成建设，优化力量结构特别是军兵种内部结构，完善部队编成。实施科技强军战略，依靠科技进步加快战斗力生成模式的转变。提高武器装备和国防科技的自主创新能力，建立和完善军民结合、寓军于民的武器装备科研生产体系、军队人才培养体系和军

▶ 资料链接

中国的国防政策

- 维护国家安全统一，保障国家发展利益
- 实现国防和军队建设全面协调可持续发展
- 加强以信息化为主要标志的军队质量建设
- 贯彻积极防御的军事战略方针
- 坚持自卫防御的核战略
- 营造有利于国家和平发展的安全环境

队保障体系。坚持勤俭建军，走出一条中国特色军民融合式发展路子。逐步建立集中统一、结构合理、反应迅速、权威高效的现代国防动员体系。积极探索新形势下军民结合、寓军于民的新途径新方法，在更广范围、更高层次、更深程度上把国防和军队现代化建设与经济社会发展结合起来，全面推进经济、科技、教育、人才等各个领域的军民融合。提高训练的科技含量，创新训练内容、方式和手段，积极推进人才建设的战略工程，培养大批精通现代战争的新型军事人才。

贯彻积极防御的军事战略方针。立足于打赢信息化条件下的局部战争。创新与发展人民战争的战略思想，坚持军事斗争与政治、经济、外交、文化、法律等各领域的斗争密切配合，综合运用各种手段和策略，主动预防、化解危机，遏制冲突和战争的爆发。以联合作战为基本作战形式，发挥诸军兵种作战优长，全面提高信息化条件下的防卫作战能力。

地空导弹部队——国土防空的利刃

坚持自卫防御的核战略，贯彻国家的核政策和核战略，遏止敌对势力对中国使用或威胁使用核武器。中国始终坚持在任何时候、任何情况下都不首先使用核武器的政策，无条件地承诺不对无核武器国家和无核武器区使用或威胁使用核武器，主张全面禁止和彻底销毁核武器。中国坚持自卫反击和有限发展的原则，着眼于建设一支满足国家安全需要的精干有效的核力量，确保核武器的安全性、可靠性，保持核力量的战略威慑作用。中国的核力量由中央军事委员会直接指挥。中国发展核力量是极为克制的，过去没有、将来也不会与任何国家进行核军备竞赛。

积极营造有利于国家和平发展的安全环境。按照和平共处五项原则开展对外军事交往，发展不结盟、不对抗、不针对第三方的军事合作关系。参与国际安全合作，加强与主要大国和周边国家的战略协作和磋商，开展双边或多边军事交流，推动建立公平、有效的集体安全机制和军事互信机制，共同防止冲突和战争。支持按照公正、合理、全面、均衡的原则，实现有效裁军和军备控制。反对核扩散，积极推进国际核裁军进程。遵守联合国宪章的宗旨和原则，认真履行国际义务，参加联合国维和行动、国际反恐合作和救灾行动，为维护世界和地区和平稳定发挥积极作用。

（三）中国国防政策的基本特征

中国国防的自主性。中国一向坚持独立自主、自力更生地建设和巩固国防。中国立足于依靠自己的力量保障国家安全，坚持独立自主地根据事实本身的性质做出自己的战略判断，独立自主地进行国防决策和制定国防发展战略，不依附于任何人，不受任何人摆布，不与任何国家或国家集团结盟，不参加任何军事集团。

中国国防的自卫性。中国国防不对任何人造成威胁，不会侵犯任何人。中国坚决反对霸权主义和强权政治，反对任何形式的战争政策、侵略政策和扩张政策。中国不搞军事扩张，不在国外建立军事基地或军事势力范围。中国不称霸，即使将来发展起来了、强大了，也永远不会称霸。中国国防现代化建设完全是为了自卫，为了维护一个有利于国家建设的和平环境。中国努力避免和制止战争，努力用和平方式解决国际争端和历史遗留问题。

中国国防的防御性。中国不会主动进攻任何人。《中华人民共和国宪法》以及根据宪法制定的《中华人民共和国国防法》赋予中华人民共和国武装力量的使命是"巩固国防，抵抗侵略，保卫祖国，保卫人民的和平劳动"。21世纪是中国全面建设小康社会，实现中华民族伟大复兴的世纪，21世纪的中国就是要维护国家长期的战略稳定，创造有利于国家持续发展的战略态势，为实现现代化和民族复兴提供可靠的安全保障。

当代中国国防政策的自主性、自卫性和防御性，不是主观上的随意决定，而是由中国战略文化传统、当代中国社会的政治基础、中国独特的发展道路所决定的根本特征。

—— 中国战略文化传统的延续

任何一个民族的战略思想都可以从她的战略文化传统中找到遗传密码。这是因为战略文化传统既不是一天之内形成的，也不是可以轻易消失或变异的。一旦战略文化传统形成，它将长期地渗透于该民族战略思维的每一个细胞之中。

具有五千年文明史的中华民族是世界上酷爱和平的伟大民族之一。历史上，中华文明是以农业文明为主体的。农业文明的丰厚土壤孕育了中华民族"安土乐业"、"以和为贵"的战略文化传统。在五千年的文明史上，尽管中国也发生过许许多多的战争，但几乎找不到向海外军事扩张的战例。中国战略文化的核心是，追求民族和谐与国家统一。中国古代战争史主要是一部中华民族的统一战争史和抵抗外敌入侵的反侵略战争史。中国历代兵家对待战争的态度是"慎战"而非"好战"。中国国防思想的重心，在于防御而非进攻。历代先辈一贯提倡"天下兼相爱"，"以和为贵，贵和重人"，"不以兵争天下"；认为"国虽大，好战必亡"，"兵者，凶器也；战者，逆德也"，"实不得已而用之"；追求"不战而屈人之兵"，"以威德服人，智谋屈敌"的理想境界。汉唐时期，中国曾经是世界上最强大的国家，但并没有把扩张的触角伸向周围民族的生存空间，更没有对世界形成威胁，而是以"怀柔"政策，与周边兄弟民族和国家保持睦邻友好关系，以其高度发达的文明对人类文化和科学技术的发展作出自己的贡献。明代郑和率领船队从 1405 年至 1433 年七下"西洋"（加里曼丹至非洲之间的海洋），访问 30 余国，比西方的哥伦布、达·伽马等的航行要早半个世纪以上，船队规模也是他们的几倍。但郑和带去的是中国瓷器和丝绸等，而没有利用当时强大的海上力量去建立海外殖民地。在当代，中国首倡和平共处五项原则，一贯奉行独立自主的和平外交政策，强调国防力量建设的目的完全是为了自卫，为了捍卫国家的主权与领土完整，保卫人民的和平劳动。这与"仁者爱人"的儒家思想和"以和为贵"的战略文化传统的基本内涵是一致的。1949 年中华人民共和国成立后有过八次战略性的军事行动，都是自卫性的。

—— 中国现实政治的内在规定性

1949 年中华人民共和国的成立不仅结束了近代中国任人宰割的历史，也根除了向外扩张的政治土壤。饱受列强侵略的中国人民在经过长期奋斗、流血牺牲，赢得国家的独立后，深知国家主权与独立来之不易，深知和平与繁荣之可贵。中国人民在珍惜自己长期奋斗得来的和平与独立的同时，也理所当然地更加深刻地理解别国维护独立与和平的愿望与正当权利。中华人民共和国的国家政权来自人民，属于人民，它必须而且只能为人民的利益服务。有力地保障与领导中国人民一心一意从事和平的劳动，最大限度地发展生产力，增强国家综合实力，改善人民生活，增进人民福祉，这是中华人民共和国人民政权的唯一任务和唯一宗旨，除此之外，没有任何其他任务和宗旨。如果离开了和平发展这个宗旨，把人民的注意力引向其他方向，这就从根本上改变了政权的人民性质，就违背了人民的意愿和人民的利益，就不可能为人民所接受。

正是遵循上述宗旨，自 20 世纪 70 年代以来，中国在总结历史经验的基础上，排除种种干扰，制定了努力发展国民经济、加速现代化建设的国家发展战略，并走上了改革开放的道路。这一战略的成功实施正在逐步改变中国近百年来积贫积弱的面貌，并将最终使中华民族崛起与腾飞，再次走入

开发海底石油资源，有赖于海上国防的巩固。

世界文明的前列。这将是一项长期的具有历史意义的任务。实现这一任务，需要几代人不懈的努力，需要一个长期的和平与稳定的内外环境，需要最大限度地集中国家财力、人力、物力和各种资源用于经济建设，需要各行各业包括国防和军队建设服务于国家经济建设大局。因此，中国最希望长期的和平与稳定，最反对动乱与战争，更不用说对外扩张战争。中国的国家发展战略决定中国不可能离开发展大局去无限发展军事力量，更不可能放下经济建设，把宝贵的国家资源消耗于毫无意义的对外扩张和侵略战争。国家的有限资源在侵略扩张上多消耗一分，人民的福利就会减少一分，民族的繁荣进步就会落后一分。即使国民经济有了较大发展，人民过上了小康生活，中国也仍然会坚定不移地沿着这条道路走下去，在新的高度上进一步建设社会主义物质文明和精神文明，进一步发展社会生产力，充分满足人民不断增长的物质和文化生活的需要，争取对人类作出更大的贡献。

科学发展观指导下的
国防和军队建设

　　科学发展观是新世纪新阶段指导中国全面建设小康社会的重大战略思想，其第一要义是发展，核心是以人为本，基本要求是全面协调可持续，根本方法是统筹兼顾。

　　新世纪新阶段科学发展观指导下的中国国防和军队现代化建设的发展，必须是融入国家现代化战略全局、与国家安全和发展利益相适应的发展；注重全面建设，革命化、现代化、正规化相统一的发展；坚持以人为本、推动军队建设与促进官兵全面发展相一致的发展；走中国特色精兵之路，速度、质量、效益相协调的发展。

（一）富国与强军的统一

富国与强军，是一个国家发展不可或缺的两翼。国不富无以强军，军不强无以卫国。一个国家要自立于世界民族之林，既要具有雄厚的经济实力，又要有强大的国防力量。没有雄厚的经济实力，国防现代化无从谈起；没有强大的国防力量，经济建设的安全环境就无法保障。19世纪中叶，鸦片战争前夕，中国国民生产总值在当时的世界上并不落后，而是处于遥遥领先的水平。但由于没有强大的国防，加之政治腐败等因素，却没能抵挡住西方列强洋枪洋炮的入侵。巨大的社会财富最终只不过沦为西方列强的战利品。当今时代，随着科技革命、产业革命和新军事变革的迅猛发展，国防建设与经济建设的联系越来越紧密，军队发展与经济社会发展的相互依赖性越来越强。因此，必须站在国家安全和发展战略全局的高度，以科学发展观为指导，统筹经济建设和国防建设，在全面建

中国加强军队人才培养与国民教育的结合。

设小康社会进程中，实现富国与强军的统一。

实现富国与强军的统一，关键是协调好国防建设与经济建设，走出一条中国特色军民融合式发展道路。注重国防和军队建设规划与国家经济社会发展总体规划的融合，国防科技和武器装备发展与国家科技工业发展的融合，国防设施及战场建设与国家基础设施建设的融合，军队人才培养与国民教育的融合，军队保障社会化与国家社会服务保障体系的融合，能够使国防建设与经济建设实现更宽领域、更深层次和更高水平上的协调发展。

（二）满足最低限度安全需要的国防开支

中国国防政策的防御性决定了中国的国防开支始终是有限的，它只限于满足保卫国家主权与领土完整最低限度的安全需要。中国不可能也没有必要把国家有限的资源投入到无限的军备竞赛之中，不可能也没有必要以牺牲人民的福祉为代价去扩张军备。近年来中国国防开支虽略有增加，但国防费的安排始终坚持国防建设与经济社会发展相协调的方针，始终服从国防政策的防御性质。

近年来，中国政府在经济持续平稳较快发展和财政收入快速增长的基础上，适度增加了国防费，但这种增长无论是绝对值还是相对值始终是有限的、低水平的。国防费增长的比例远远低于财政收入的增长。2003 至 2007 年，中国国防支出年均增长 15.8%，明显低于同期财政收入年均增长 22.1%的水平。

中国国防费占国内生产总值的比重和占财政预算支出的比重与其他国家相比，特别是与一些大国相比，也一直处于较低水平。以 2007 年为例，美国国防费占其 GDP 比重为 4.6%，占其财政预算支出的比重为 16.6%，英国分别为 3% 和 6.9%，法国分别为 2% 和 13.5%，俄罗斯分别为 2.63% 和 15.1%，印度分别为 2.5% 和 14.1%。而中国国防费占 GDP 比重仅为 1.4%，占财政预算支出的比重仅为 7.2%。

2009 年，中国国防预算为 4806.86 亿元人民币，比 2008 年增长 14.9%。而美国 2009 年国防预算高达 6110 亿美元。与美国直接用于对外战争和扩大军事优势不同，中国国防费的增长属于弥补国防基础薄弱的补偿性增长，是维护国家安全的正常需要。2009 年中国增加的国防预算主要用于提高军队官兵的生活待遇。根据中国经济社会发展水平，国家公务员收入和城乡居民生活水平提高，相应调整军队的津贴补贴标准，保证军人的生活水平相应提高。此外，中国政府还需要

代价高昂的高原补给线增加了国防成本。

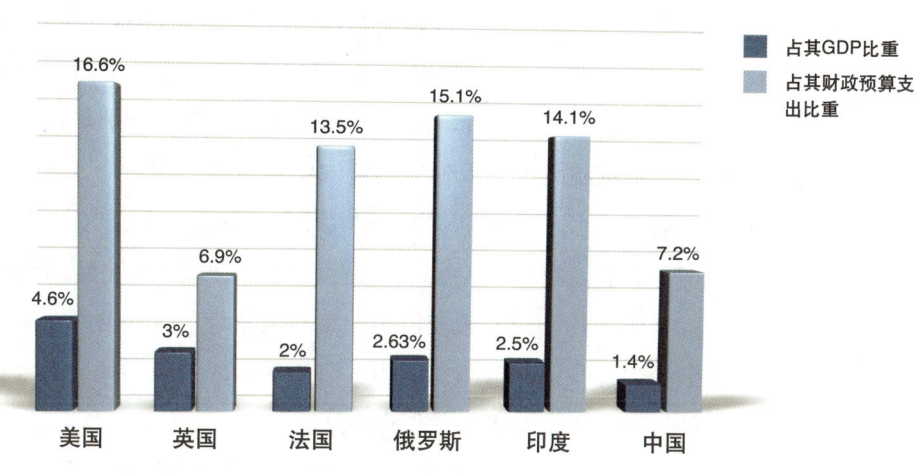

图表1：2007年各主要国家国防费占国内生产总值的比重和占财政预算支出的比重

占其GDP比重

占其财政预算支出比重

美国　英国　法国　俄罗斯　印度　中国

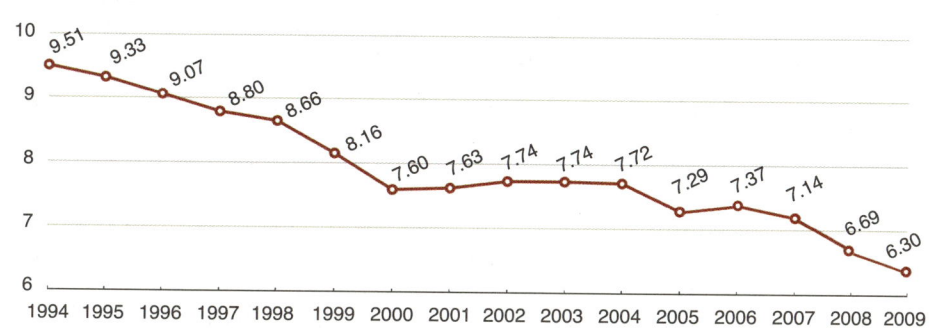

图表2：1994－2009年中国年度国防费占国家财政支出的比例 (%)

加大军队信息化建设的投入，适应军事变革需要，还要适当增加装备及其配套设施的建设经费，提高军队在信息化条件下的防卫能力。加强军队抢险救灾、反恐维稳等非战争军事行动的应急能力建设，提高军队应对多种安全威胁，完成多样化军事任务的能力，支持驻四川汶川地震灾区受灾部队基础设施恢复重建。

20世纪80年代以来，由于中国集中财力、物力进行经济建设，国防投入大幅减少，国防建设欠账过多，影响了国防建设的正常运行。其中，1979年到1989年，中国国防费平均每年下降5.83%，而同期物价大幅上升，特别是武器装备价格成倍上涨，致使国防费实际购买力大大下降。由于没有新的投入，国防和军队建设几乎陷于停顿，甚至有所倒退。许多武器装备年久落后老化，超过服役年限而无力更新。因此，近年中国国防费的适度增长，实际上是为了弥补前一个时期因投入过少而导致防御能力下降而采取的补救措施，是维护最低限度的防卫能力的客观要求。

近年来中国国防费的增长很大一部分是维持费的增长，目的在于保持军人生活水平不低于社会平均水平。在过去15年里，中国已6次提高部队伙食费标准，提高了干部工资和战士津贴，还与社会经济体制改革相适应，建立和初步完善了军人社会保障制度，如军人伤亡保险、军人退役医疗保险、军人住房补贴等。

近年中国国防费的适度增加反映了捍卫国家主权与领土完整、支持国家和平发展的迫切需要，也在一定程度上反映了应对世界新军事变革的严峻挑战、争取国防与军队建设跨越式发展的需要。进入21世纪，世界军事变革呈加速发展之势，

● 资料链接

中国国防费的主要用途

近年中国增加国防费主要用于以下几个方面：一是提高军队官兵待遇；二是根据物价上涨情况，相应提高士兵伙食费，增加军队油料购置投入；三是适应部队训练需要，适当提高公务事业费和教育训练费标准；四是适度增加装备建设经费，提高军队在信息化条件下的防卫作战能力。

2007 年 8 月 1 日起，中国人民解放军全军部队开始陆续换穿 07 式新军服。

发达国家的军队正在实现由机械化向信息化的全面转型，而中国尚处于机械化半机械化阶段，机械化尚未完成，又面临信息化的挑战。为了抓住历史机遇，完成机械化与信息化的双重历史任务，中国积极推进中国特色的军事变革，努力实现两个根本性转变，即军事斗争准备由立足于打赢一般条件下局部战争向打赢信息化条件下战争转变，军队建设由数量规模型向质量效能型、由人力密集型向科技密集型转变。因此，军费的需求结构向强调技术升级、质量提高和结构合理的方向发展，海、空军和二炮等技术军兵种的需求不断升级。这对中国国防费的增长带来巨大压力。近年国防费适度增加也部分是为了加强技术跟踪与技术创新，避免进一步与发达国家军队形成新的"时代差"而作的最低限度的投入。

（三）统筹兼顾国防和军队各项建设

在国防和军队建设中贯彻落实科学发展观，基本要求是统筹兼顾国防与军队各项建设，特别是统筹机械化建设与信息化建设、诸军兵种作战力量建设、当前建设与长远发展，推动国防与军队建设又好又快地发展。

—— 统筹机械化建设与信息化建设

随着科学技术和世界新军事变革的深入发展，战争形态正在从机械化战争向信息化战争转变，信息化已经成为军队建设的方向，没有信息能力的军队将被未来战争所淘汰。发达国家军队都加快了信息化建设步伐，以谋求战略主动权和竞争优势。中国军队现在总体上还处于机械化半机械化发展阶段，面临着机械化与信息化建设的双重历史任务。完成这一历史任务，需要准确把握世界新军事变革的发展趋势和实质，统筹信息化建设与机械化建设。

一、从国家的国情和军情出发。中国经济发展和科学技术进步，为军队信息化建设提供了条件和基础。然而，中国经济实力和科学技术水平并不十分强大和先进。因此，要完成机械化和信息化双重任务，不可能像西方发达国家搞信息化建设，只能有所为、有所不为。中国坚持走以较少的投入获取较高效益的现代化、信息化发展道路。以建设信息化军队、打赢信息化战争为战略目标，坚持以机械化为基础、以信息化为主导，推进机械化和信息化的复合发展，增强军队信息化条件下的防卫能力。

二、以机械化为基础，加快信息化。机械化是信息化跃升的基础，没有机械化，信息化就成了无源之水，无本之木。信息化是军队战斗力的倍增器，是衡量当代军队现代化水平的重要标志。中国坚持在推进机械化、打牢信息化建设基础的同时，大力推进军队信息化建设。研发以信息技术为核心的高新技术，加强侦察情报、指挥控制、电子战和通信系统建设，发展电子战、网络战装备，不断提高军队信息战能力。在武器装备信息化、航天信息系统、综合电子信息系统等领域，进行体制机制的整合与优化，形成集中领导、统一筹划、科学管理、资源共享的体制机制。加强综合集成建设，实现情报信息系统、指挥控制系统与武器操作平台的互联互通，提升军队的一体化作战能力。

三、以信息化为牵引，提高机械化建设水平。机械化建设是信息化建设的基础和载体，机械化建设的速度和质量直接影响着信息化建设的进程和水平。机械化建设要以信息化为牵引，努力提高信息含量，脱离了信息化的机械化是没有前途没有价值的机械化。目前，中国军队的机

械化的基础还相当薄弱，因此中国坚持利用几十年来机械化建设的成就，进一步加快机械化建设的步伐。以信息化需求牵引机械化发展，以信息化选择机械化、改造机械化、重组机械化、推动机械化建设向高层次、高水平跃升。对机械化条件下形成的体制编制、人才培养、军事训练的运行机制和方法进行调整和创新，以适应信息化战争的客观要求。

四、突出信息化建设重点，将机械化和信息化融为一体。以机械化为基础，以信息化为主导，走机械化和信息化复合发展道路，最终实现机械化和信息化一体化。为此，中国坚持发展机械化和信息化武器装备，以发展信息化武器为主；

军队信息化建设是军队各项建设的重中之重。

发展和增强火力和信息力，以增强信息力为主；将机械化和信息化融为一体，以发展信息化为主。特别注重加强信息化武器装备、信息化作战指挥体系、信息化综合保障三方面的建设，实现情报、指挥、作战、保障各系统的综合集成，尽快形成信息化作战体系，提高军队信息化作战能力。

——统筹诸军兵种作战力量建设

结构合理、精干高效的诸军兵种作战力量，既是国家强大的象征，也是维护国家安全、捍卫国家利益、保持国家稳定和发展的重要保证。从当前中国军队建设现状看，虽然军队总体规模适度，但力量结构尤其是军兵种内部结构尚不够合理。因此，中国坚持统筹诸军兵种作战力量建设，重在优化结构，理顺关系，加强体系建设，提高军队的整体作战能力。

统筹诸军兵种作战力量建设，中国坚持把转变观念，解放思想放在首位。一是改变以陆军为主的传统习惯，把军队建设的重点转向发展海、空军和第二炮兵，形成适应信息化战争需求的作战能力；二是摆脱机械化战争的惯性思维。机械化战争打的是钢铁，比的是火力、机动速度、武器射程和坦克装甲兵器的数量，而未来信息化战争虽然本质上仍然是血与火的较量，仍然是以大规模火力打击为重要表现形式，但其作战样式已经由传统样式向非接触、非线性和非对称作战转变，更强调通过信息的流动使机械化作战平台连为一体，实现远程、精确作战，更强调作战中的情报、信息和指挥控制一体化，强调使机械化作战平台释放出更大的作战效能。三是转变各军种自成体系孤立发展的观念。由于过去中国受威胁的方向主要来自陆地，海、空军和第二炮兵处于配合地位，在军兵种建设上也是各自为政，自成体系，独立发展。而未来信息化战争的战场空间已经由一维、二维、三维向陆、海、空、

海军部队进行实战演练，练习提高在复杂海域部队的快速反应能力和后勤综合保障能力。

为庆祝中华人民共和国成立60周年，2009年10月1日在首都北京举行了盛大纪念活动和阅兵式。图为正在接受检阅的三军仪仗方队。

天、电多维空间转变，制海权、制空权、制天权和制信息权的地位越来越突出，要求诸军兵种作战力量必须实现无缝链接，做到互通、互联，要求不断缩小军兵种差别、加大军兵种融合，形成一体化联合作战能力。

其次，在统筹军队诸军兵种作战力量建设中坚持统筹规划，整体推进。信息化战争已不再是各个作战单元间的单独对抗，而是建立在各种作战单元、作战要素综合集成基础上的体系对抗。因此中国坚持科学论证，搞好整体谋划和顶层设计，并采取强有力的措施分步实施、整体推进。从整体上制定军兵种建设的规划计划。与国家经济实力和科技水平相适应，与国家经济建设协调发展，制定出科学合理的建设方针和原则，避免好高骛远、急于求成。紧紧围绕一体化联合作战需求，调整现有军兵种比例和结构，形成以信息情报为主导、以核打击力量为威慑、以远程精确打击为支撑、以地面作战力量为基础、以空海力量为重点、以民兵预备役力量为后盾的武装力量体系和协调发展模式。逐步改变目前各军兵种纵向独立发展的轨迹，逐步向各军种相互渗透和相互融合，横向一体化、信息数字化的建设模式和三军一体化的方向发展。逐步建设和完善诸军兵种互为依托、互为补充的作战力量体系，加强联合作战指挥体制建设，不断推进作战保障体制改革，提高综合保障能力。

—— 统筹当前建设与长远发展

国防和军队建设是一个不断变化和发展的过程。因此，中国在国防和军队建设中注重着力做好当前工作，又着眼未来，统筹好当前建设与长远建设，确保国防和军队建设的持续发展。

▶ 资料链接

在国防和军队建设中贯彻落实科学发展观的总体要求

坚持中国共产党领导下的人民军队的根本性质和宗旨，着眼有效履行新世纪新阶段军队历史使命，以提高信息化条件下的威慑和实战能力为根本出发点和落脚点，全面加强革命化现代化正规化建设，统筹中国特色军事变革与军事斗争准备，统筹机械化建设与信息化建设，统筹诸军兵种作战力量建设，统筹当前建设与长远发展，统筹主要战略方向建设与其他战略方向建设，进一步实施科技强军战略，着力推动军事理论创新、军事技术创新、军事组织体制创新和军事管理创新，加快转变战斗力生成模式，充分发挥广大官兵的主体作用，坚持军民结合、寓军于民，实现国防和军队建设全面协调可持续发展。

制定统筹当前建设与长远发展的规划。加强整体筹划，搞好顶层设计，建立远中近期国防和军队建设目标体系。在制定规划计划时，既考虑当前建设，又着眼长远发展，做到统筹兼顾，协调发展。

立足现实、着眼长远。把当前建设和现实军事斗争准备纳入国防和军队长远发展的历史进程中，把当前建设与长远建设相结合起来、统筹起来，以军事斗争准备的局部跃升推动国防和军队建设的全面协调发展，以长远发展的总体目标牵引国防和军队的当前建设。从更长远的角度去筹划国防和军队建设，谋求高水平的信息化条件下联合作战能力。既满足国家近期安全需求，又满足国家长期安全需求，实现当前建设与长远发展的统一。

从现实条件出发。立足现有条件，遵循科学规律，正确处理客观需要与现实可能，有所为有所不为，突出重点，量力而行，稳步推进，把有限的资源用于军事斗争的重要方向和关键环节，争取最好的建设效益。

中国武装力量及其历史使命

  武装力量是国家各种武装组织的总称，是国家政权的主要组成部分，是一个国家硬实力的主要体现。纵观世界历史，一个国家的兴盛与发展无不有赖于一支强大的武装力量提供可靠的安全保障。

  中华人民共和国武装力量由人民解放军、国防后备力量和人民武装警察部队组成。中国致力于建设一支与本国地位相称，与国家发展利益相适应的武装力量。

（一）中国武装力量的领导管理体制

中华人民共和国宪法、国防法规定：中国最高国家权力机关全国人民代表大会决定战争与和平问题，决定战争状态的宣布，决定全国总动员或局部动员，国家主席根据全国人民代表大会的决定和全国人民代表大会常务委员会的决定，宣布战争状态，发布动员令；国务院领导和管理国防建设事业。从 1982 年起，中国共产党和中华人民共和国共同设立中央军事委员会（简称"中央军委"），确立由中国共产党和国家共同行使领导职权的最高军事领导体制。武装力量的最高领导权属于中共中央。

中国武装力量的领导机构是在中央军委的领导下，由解放军四总部、军区和中央军委直属其它单位组成。

—— 中央军委

中央军委由主席 1 人、副主席若干人、委员若干人组成。实行主席负责制。其办公机构为总参谋部、总政治部、总后勤部、总装备部。中央军委通过四总部对全军实施作战指挥和建设领导。

—— 四总部

总参谋部是全国武装力量军事工作的领导机关，负责组织领导全国武装力量的军事建设和组织指挥全国武装力量的军事行动，设有作战、情报、通信、电子对抗、训练、军务、动员、陆军航空兵、外事、管理等业务部门。

总政治部是全军政治工作的领导机关，负责管理全军党的工作，组织进行政治工作，设有组织、干部、宣传、保卫、纪律检查、群众工作等部门。

总后勤部负责组织领导全军的后勤建设和后勤保障工作，

设有财务、军需、卫生、军事交通运输、物质油料、基建营房、审计等部门。

总装备部负责组织领导全军的武器装备建设工作，设有综合计划、军兵种装备、陆军装备科研订购、通用装备保障、电子信息基础、装备技术合作等部门。

—— 中央军委直属单位

军事科学院是中央军委领导下的全军高级军事研究机关，是全军军事科学研究的中心。

国防大学是中央军委直属的全国最高军事学府。主要负责培养高级指挥人员、高级参谋人员和高级理论研究人员和地方高中级干部。

国防科学技术大学是直属中央军委领导的综合性院校。主要负责培养高级科学和工程技术人才与专业指挥人才，从事国防科学技术研究。

（二）人民解放军

人民解放军是中国武装力量的主体，现总员额保持为230万。人民解放军着眼履行新世纪新阶段历史使命，主要担负信息化条件下防卫作战任务，必要时可以依照法律规定协助维护社会秩序。

—— 陆军

陆军是中国人民解放军的基础，主要担负陆地作战任务，建立于1927年8月1日。目前陆军未设独立的领导机关，领导机关职能由四总部代行，沈阳、北京、兰州、济南、南京、广州、成都七个军区直接领导所属陆军部队。陆军由步兵、装甲兵、炮兵、防空兵、陆军航空兵、工程兵、防化兵、通

陆军装甲兵

信兵等兵种及电子对抗兵、侦察兵、测绘兵等专业兵种组成。

步兵徒步或乘装甲输送车、步兵战车实施机动和作战，由山地步兵、摩托化步兵、机械化步兵（装甲步兵）组成。步兵主要装备重量轻、便于携带与操作的近战武器，包括各型枪械、轻型火炮和反坦克武器等。摩托化步兵装备各种输送车，便于快速机动；机械化步兵装备有多型国产步兵战车、装甲输送车。

坦克通过浮桥

装甲兵（坦克兵）以坦克及其他装甲车、保障车辆为基本装备，遂行地面突击任务。装备包括多型主战坦克、水陆两栖坦克、扫雷坦克、侦察坦克等，以及步兵战车、装甲输送车、自行火炮、装甲侦察车、装甲指挥车等战斗和勤务保障车辆。

炮兵以各种压制火炮、反坦克火炮、反坦克导弹和战役战术导弹为基本装备，遂行地面火力突击任务。主要装备有多种口径的加农炮、榴弹炮、加农榴弹炮、火箭炮、迫击炮、滑膛炮、无座力炮，以及"红箭"系列反坦克导弹。

防空兵以高射炮、地空导弹武器系统为基本装备，遂行对空作战任务。

陆军航空兵装备攻击直升机、运输直升机和其他专用直升机及轻型固定翼飞机，遂行空中机动和支援地面作战任务。主要装备有运输/攻击直升机、武装/多用途直升机等。

工程兵担负工程保障任务，由工兵、舟桥、建筑、伪装、野战给水工程、工程维护等专业部(分)队组成。装备主要有工程侦察器材、布

雷扫雷器材、渡河桥梁器材、工程机械、伪装器材、工具器材等。

防化兵担负防化保障任务，由防化、喷火、发烟等部(分)队组成。武器装备主要包括核爆炸观测器材、辐射侦察器材、化学侦察器材、洗消车辆、喷火器和发烟器材等。

通信兵担负军事通信任务，由通信、通信工程、通信技术保障、航空兵导航和军邮勤务等专业部(分)队组成。装备有多种型号的无线电台、单边带电台、超短波接力机、载波电话机、收讯机等通信联络与自动化指挥设备。

电子对抗兵是实施电子攻防的专业兵种，装备有各型电

陆航运输直升机编队

子战器材。

侦察兵是获取军事情报的专业兵种，装备有各种侦察器材和轻型快速交通工具。

测绘兵承担军事测绘任务。装备有 GPS 定位仪、经纬仪、数字地图定位系统、大地测量车等先进设备。

陆军按其担负的任务还划分为机动部队、海防部队、边防部队、警卫警备部队等。

轻装前进的侦察兵

目前，陆军机动作战部队共有 18 个集团军，和部分独立集成作战师（旅）。野战机动部队的编制序列一般是：集团军、师（旅）、团、营、连、排、班。海防部队、边防部队和警卫警备部队，根据担负的作战任务和地理条件，确定编组方式。

为陆军培养人才的院校主要有：石家庄陆军指挥学院、南京陆军指挥学院、石家庄机械化步兵学院、西安陆军学院、南昌陆军学院等。此外，还有一些兵种技术院校分别为陆军装甲部队、陆军反坦克导弹部队、陆军炮兵、陆军航空兵、陆军防空兵、陆军测绘兵、陆军防化兵、陆军工程兵培养专业人才。

—— 海军

海军是人民解放军的战略军种，成立于 1949 年 4 月 23 日，主要任务是独立或协同陆军、空军防御敌人从海上的入侵，保卫领海主权，维护海洋权益。海军由潜艇部队、水面舰艇部队、航空兵、陆战队和岸防部队等兵种组成。海军下辖北海、东海、南海 3 个舰队。舰队下辖舰艇支队、航空兵师等。

潜艇部队编有常规动力潜艇部队和核动力潜艇部队，具有水下攻击和一定的核反击能力。担负战略核反击任务的核动力潜艇部队，直接由中央军委指挥。中国海军装备有多种型号的常规动力潜艇，搭载有鱼雷、水雷、飞航式导弹、弹道导弹等武器。核潜艇部队装备有攻击型核潜艇和弹道导弹核潜艇，前者以鱼雷和飞航式导弹为主要武器，后者携带战略核武器，是中国战略核力量的重要组成部分。

水面舰艇部队编有战斗舰艇部队和勤务舰船部队，具有在海上进行反舰、反潜、防空、水雷战和对岸攻击等作战能力。水面战斗舰艇部队装备有多种型号的驱逐舰、护卫舰、导弹艇、鱼雷艇、猎潜艇、布雷艇、扫雷舰艇、登陆舰艇、气垫船等，舰艇上的武器装备有中小口径舰炮、舰舰导弹、反潜武器、舰空导弹等。其中驱逐舰和护卫舰是海上作战的主力战舰，已全部实现导弹化，有的可搭载直升机。勤务舰船部队装备有运输船、油船、水船、冷藏船、工程船、消磁船、医院船、救生船、侦察船等。

海军航空兵编有轰炸航空兵、歼击轰炸航空兵、强击航空兵、歼击航空兵、反潜航空兵、侦察航空兵部队和警戒、电子对抗、运输、救护、空中加油等保障部（分）队，具有侦察、

常规潜艇编队训练

导弹驱逐舰编队

警戒、反舰、反潜、防空等作战能力。装备有多种型号歼击机、中程轰炸机、歼击轰炸机、水上飞机、侦察机、反潜机、运输机以及舰载直升机等。机载武器有航炮、航空火箭弹、航空炸弹、空空导弹、空舰导弹、鱼雷、深水炸弹等。

　　海军岸防兵编有岸舰导弹部队和海岸炮兵部队，具有海岸防御作战能力。分别装备机动式和固定式岸舰飞航式导弹、大口径自动化岸炮。

　　海军陆战队编有陆战步兵、炮兵、装甲兵、工程兵及侦察、防化、通信等部（分）队，是实施两栖作战的快速突击力量，现已发展成为多兵种合成，具有陆地、海上、水下多种作战能力的快速反应部队，被称为"陆地猛虎、海上蛟龙、空中雄鹰"。其主要装备有各型登陆艇、高速气垫船、两栖坦克与装甲车以及其他适合两栖作战的各种自动火器与器材等。

　　为海军培养人才的院校主要有：海军指挥学院、海军工程大学、海军潜艇学院、海军大连舰艇学院、广州舰艇学院等。

—— **空军**

空军是人民解放军的战略军种，成立于 1949 年 11 月 11 日，主要任务是组织防空、保卫国家领空和重要目标的空中安全；组织相对独立的空中作战；在联合战役中，独立或协同陆军、海军和第二炮兵作战，抗击敌人从空中入侵，或从空中对敌实施打击。空军实行空防合一的体制，由航空兵、地空导弹兵、高射炮兵、空降兵以及通信、雷达、电子对抗、防化、技术侦察等专业部（分）队组成。空军下辖沈阳、北京、兰州、济南、南京、广州、成都七个军区空军，在重要方向和重要目标区设有基地。

空军航空兵由歼击、强击、轰炸、侦察、运输航空兵及保障部（分）队组成，通常按师、团、大队、中队体制编成。航空兵师一般下辖 2 至 3 个航空兵团和驻地场站，航空兵团是基本战术单位。歼击航空兵装备有多种型号的歼击机，机载武器有航炮、航空火箭弹、航空炸弹和空空导弹等。轰炸航空兵装备有中程轰炸机，可携带各类常规炸弹、空地导弹及核弹。强击航空兵装备有强击机，机载武器有航炮、航空

空军航空兵新型战机加紧训练。

2008 年 5 月 22 日,空军出动大型运输机向汽车、直升机无法进入的四川地震灾区空投救灾物资。

火箭弹、航空炸弹和空地导弹等。侦察航空兵装备有多种型号的战术侦察机,机载设备有大中小各型运输机和直升机。此外,空军航空兵还装备有电子战飞机、空中指挥预警和空中加油等专业飞机。

地空导弹兵、高射炮兵通常按师(旅)、团、营、连体制编成。装备地空导弹、全自动高炮系统及配套的雷达系统等。地空导弹部队已经在中国辽阔的领空构筑起一个从低空、中空到高空,从近程、中程到远程,从打击飞机到拦截巡航导弹的强大防御体系。

空降兵以中国的中部地区为主要基地，按军、师、团、营、连体制编成。他们具有极强的应急机动能力和战斗力，一旦需要，可以在数小时或十几小时内，成建制地投入中国任何地区遂行作战任务。装备有大中型运输机、各型降落伞等机动工具和步兵轻武器、迫击炮、无座力炮、高射机枪、高射炮、火箭炮、榴弹炮等武器。

雷达兵以雷达为基本装备，按旅（团）、营、连编成，遂行对空中目标探测和报知空中情况任务。目前，雷达部队已构成了覆盖全国的雷达预警网，在保障国土防空、飞行管制、航空兵的作战和飞行训练等方面发挥着巨大作用。雷达兵主要装备有多种型号的超视距、超远程、中远程、中近程的警戒雷达和多种型号的引导雷达。

为空军培养人才的院校主要有：空军指挥学院、空军工程大学、空军航空学院、空军雷达学院、空军后勤学院等。

—— 第二炮兵

第二炮兵是中央军委直接掌握使用的战略部队，组建于1966 年 7 月 1 日，由地地战略核导弹部队、战役战术常规导弹部队及相应保障部（分）队组成，按导弹基地、旅、营编成。

战略核导弹部队是一支具有一定规模和实战能力的主要核反击作战力量，直接由中央军委指挥。战略核导弹部队的主要任务是遏制敌人对中国使用核武器，并在敌人对中国发动核袭击时，遵照统帅部命令，独立或联合其他军种的战略核部队对敌人实施有效自卫反击。装备有中远程导弹和洲际弹道导弹，这些导弹逐步实现固体（燃料）化、机动化、小型化、并发展多种发射方式和多弹头，提高精确打击能力、快速反应能力、突防能力和摧毁能力。

战役战术常规导弹部队装备常规战役战术导弹武器系统，

执行常规导弹火力突击任务。它是第二炮兵在进一步增强核反击作战能力的同时，为了打赢信息化条件下局部战争而着力发展的重要常规打击力量。主要装备近程弹道导弹和国产新型地地巡航导弹，能独立或协同其它军兵种实施纵深常规打击，具备精确打击能力。

第二炮兵作为中国的主要核反击力量，严格执行中国政府对世界的承诺：中国发展数量有限的战略核武器，完全是为了打破核垄断，反对核讹诈，为了自卫；遏制可能出现的核袭击，保卫国家安全，维护世界和平。中国不会首先使用核武器，不参加核军备竞赛，也从不在国外部署核武器。中

防空导弹发射

国对核武器、核技术、核材料实施严格管理，中国的核安全有可靠保障。

为第二炮兵培养人才的院校主要有：第二炮兵工程学院、第二炮兵指挥学院。

（三）国防后备力量

民兵是不脱离生产的群众武装组织，是中国人民解放军的后备武装力量，是进行现代条件下人民战争的基础。毛泽东说，"战争伟力之最深厚根源存在于民众之中"。兵民是胜利之本。在中国革命战争时期，民兵配合正规部队作战，为中华民族的解放，为新中国的建立，立下了不朽功勋。1949 年中华人民共和国成立后，民兵在建设祖国、保卫祖国的斗争中又发挥了重大作用。在 1978 年后的新时期，根据《中国国防法》规定，民兵工作在国务院、中央军委领导下，由总参谋部主管。民兵在军事机关的指挥下，战时担负配合常备军作战、独立作战、为常备军作战提供战斗勤务保障以及补充兵员等任务，平时担负战备执勤、抢险救灾和维护社会秩序等任务。通常，中国民兵区分为基干民兵和普通民兵两大部分。根据《中华人民共和国兵役法》规定，28 岁以下退出现役的士兵和经过军事训练的人员，以及选定参加军事训练的人员编为基干民兵。其余 18—35 岁符合服预备役条件的男性公民，编为普通民兵。边疆、少数民族地区和城市有特殊情况的单位，基干民兵的年龄可适当放宽。基干民兵为一类预备役，普通民兵为二类预备役。民兵一般以乡镇、行政村、城市街道和一定规模的企业事业单位为基本组建单位。行政村一般编民兵连（营），基干民兵单独编组。为使民兵在遇有情况时能够

预备役高炮部队

召之即来，中国政府建立了民兵战备制度，定期在民兵中开展以增强国防观念为目的的战备教育，有针对性地按战备预案进行演练，提高遂行任务的能力。民兵干部和基干民兵的训练原则上由县（市、区）人民武装部组织实施。根据训练大纲要求，干部训练时间为每年 30 天，民兵训练时间为每年 15 天。专业技术兵的训练时间根据需要可适当延长。全国目前已建成大批县级民兵训练基地和专业技术训练中心，民兵训练可大部分在基地集中实施。

预备役部队组建于 1983 年，是以现役军人为骨干、预备役人员为基础，按规定的体制编制组成的部队，是由陆军、海军、空军和第二炮兵预备役部（分）队组成的重要后备力量。预备役部队实行统一编制，师、旅、团授予番号、军旗，执行人民解放军的条令、条例，列入人民解放军序列，平时归省军区（卫戍区、警备区）建制领导，战时动员后归指定的现役部队指挥或单独遂行作战任务；平时按照规定进行训练，必要时可以依照法律规定协助维护社会秩序，战时根据国家发布的动员令转为现役部队。组建预备役部队是实施成建制快速动员、提高储备质量、节约军费开支、加强国防建设的重要措施。

（四）人民武装警察部队

　　中国人民武装警察部队组建于 1982 年 6 月 19 日，由内卫部队和黄金、森林、水电、交通部队组成，列入武警序列的还有公安边防、消防、警卫部队。依其任务不同分为三类：第一类是内卫部队，这是武警部队的主要组成部分，由各总队和机动师组成，受武警总部的直接领导管理，承担固定目标执勤和城市武装巡逻任务，保障国家重要目标的安全，处理各种突发事件，维护国家安全与社会稳定。第二类是黄金、森林、水电、交通部队，受武警总部直接领导管理，同时接受国务院有关业务部门指导，既担任经济建设任务，同时又负有维护国家安全和社会稳定的任务。第三类是公安边防、消防、警卫部队，列入武警序列，由公安部门管理。其中边防部队主要担负边境检查、管理和海上缉私任务；消防部队主要担负防火灭火任务；警卫部队主要担负党和国家领导人、

武警礼炮中队

省市主要领导人及重要来访外宾警卫任务。

武警部队的基本任务是：维护国家安全和社会稳定，保卫国家重要目标，保卫人民生命财产安全，战时协助人民解放军进行防卫作战。

武警部队属于国务院编制序列，由国务院、中央军委双重领导，实行统一领导管理与分级指挥相结合的体制。武警部队设总部、总队（师）、支队（团）三级领导机关。武警总部是武警部队的领导指挥机关，领导管理武警内卫部队和黄金、森林、水电、交通部队。在中国各级行政区划内，省级设武警总队，地区级设武警支队，县级设武警中队。在执行公安任务和相关业务建设方面，武警部队接受同级公安部门的领导和指挥。

和平时期，武警部队主要担负固定目标执勤、处置突发

2009 年 3 月 23 日，武警湖北总队举行反恐军事演练。

事件、反恐，并支援国家经济建设。固定目标执勤，主要是担负警卫、守卫、守护、看押、看守和巡逻等勤务，具体负责国家列名警卫对象和来访重要外宾，省级以上党政领导机关和各国驻华使、领馆，国际性、全国性重要会议和大型文体活动现场的安全警卫；对监狱和看守所实施外围武装警戒；对重要机场、电台和国家经济、国防建设等重要部门的机密要害单位或要害部位实施武装防守保卫；对铁路主要干线上的重要桥梁、隧道和特定的大型公路桥梁实施武装防守保护；对国家规定的大中城市或特定地区实施武装巡查警戒。处置突发事件，主要是对突然发生的危害国家安全或者社会秩序的违法事件依法实施处置，包括处置叛乱事件、骚乱及暴乱事件、群体性治安和械斗事件等。反恐怖，主要是反袭击、反劫持、反爆炸。支援国家经济建设，主要有黄金地质勘察、黄金生产、森林防火灭火，保护森林资源，参加国家能源、交通重点项目建设，遇有严重灾害时参加抢险救灾。

（五）中国军队新世纪新阶段的历史使命

军队历史使命，是军队在一定历史时期所担负的根本任务和重大职责。它是时代特征和国家利益发展的客观反映，是军队职能作用的具体表现。总起来说，抵御外来侵略，维护国家的主权、领土完整和安全，维护国家的稳定、统一，是军队使命的基本要素。

中国军队的使命在不同的历史时期有着不同的重心。在新中国建立以前的战争时期，军队的历史使命是抵抗外来侵略，争取民族独立和解放，建立人民民主政权。1949年中华人民共和国成立后，军队成为国家政权机器的重要组成部分，其历史使命主要是保卫人民革命和国家建设的成果，保卫国家的主权、领土完整。20 世纪 70 年代末改革开放以来，军队的主要使命是巩固国防、抵抗侵略、保卫祖国、保卫人民的和平劳动，参加国家建设事业。21 世纪初期，国家和军队建设进入新的发展阶段，军队新的历史使命是：为巩固国家政权提供重要的力量保证，为维护国家发展的重要战略机遇期提供坚强的安全保障，为维护新时期国家利益提供强有力的战略支撑，为维护世界和平和促进共同发展发挥重要作用。

中国军队新世纪新阶段的历史使命，是对以往历史使命的继承和发展，是适应当今时代要求，基于国际战略格局的深刻变化和中国新的安全环境，着眼于维护中国生存与发展的国家利益的战略需求，从实现中华民族伟大复兴和国家经济、社会发展的战略高度而提出的。

当代世界正在发生广泛而深刻的变化，当代中国改革发展也正进入关键时期。一方面，通过多年的摸索，中国找到

2008 年 5 月 13 日，四川陆军预备役高炮师官兵正在加紧运送食品等物资参加汶川震灾救援。

了一条可持续发展的正确道路，沿着这条道路就能达到胜利的彼岸；另一方面，由于国际战略格局的演变和中国国力的增长，在可以预见的将来，中国被迫卷入新的世界性战争、体系性战争、集团性战争以及需要举国迎敌的战争的可能性不大。同时，经济全球化又为中国发展从外部获得必要的资金、人才、市场、资源提供了可能，当代世界信息技术革命在提出挑战的同时，也为中国社会技术型态的历史性跃升提供新动力、新能量和新的技术基因。中国的发展面临一个前所未有的历史性机遇。抓住这一千载难逢的历史性机遇，维护这一千载难逢的历史性机遇，实现现代化，实现中华民族的伟大复兴，增进人民福祉，确保这一机遇

不被冲击、不被中断、不被丧失，是新时期中国最高国家利益。维护这一最高国家利益无疑是中国军队的崇高使命。

随着经济全球化趋势的不断发展，中国经济和世界经济的联系日益紧密。一方面，国家利益空间不断由陆地向海洋、太空、电磁空间扩展和延伸，对维护海洋安全、太空安全、电磁空间安全以及其他方面的国家安全的需求越来越大。另一方面，国家利益的重心不断由生存利益向发展利益转移，这就要求军队在维护生存利益的同时，高度关注和坚决维护国家发展利益，为国家发展创造和平的国际环境与和谐的社会环境。这是军队新世纪新阶段历史使命的新内涵。

在保卫国家安全的同时，中国军队还承担着国内救灾抢险等重大任务。

当代中国的和平与发展离不开世界的和平与发展。中国的和平与发展又为世界的和平与发展作出重要贡献。新形势、新任务，要求中国军队为维护世界和平与促进共同发展作出新的贡献。当前和今后一个较长时期，中国军队需要解决现代化水平与打赢信息化条件下局部战争的要求不相适应，军事能力与履行新世纪新阶段军队历史使命的要求不相适应的矛盾，加速推进中国特色军事变革，抓紧作好军事斗争准备，加强经常性战备训练工作，确保在任何时候都能有效应对危机、维护和平，遏制战争、打赢战争，出色履行自己的历史使命。

以人民战争为基础的
积极防御战略

　　与中国国防政策的防御性相一致，中国奉行积极防御的军事战略方针。立足于信息化条件下作战，坚持与发展人民战争的战略思想，坚持军事斗争与政治、经济、外交、文化、法律等各领域的斗争密切配合，综合运用各种手段，主动预防与化解危机，努力制止冲突和战争的爆发，一旦战争不可避免，则坚决自卫还击，打赢战争。

（一）人民战争战略思想

　　人民战争是中国共产党领导中国人民进行民族独立和民族解放战争实践的产物。

　　毛泽东指出："人民，只有人民，才是创造世界历史的动力。""战争伟力之深厚根源存在于民众之中。""兵民是胜利之本。"这是历史唯物主义的观点，也是实行人民战争的理论依据。中华人民共和国成立后，中国人民真正成为国家的主人，按照人民国防人民办的思想，坚持平战结合、军民结合、寓兵于民的方针，紧紧依靠人民，建立起强大的国防体系。全心全意依靠人民群众，是中国国防的最大优势。在新的历史时期，战争样式、战争形态发生重大变化，对人民战争的传统优势继续引领人民军队打赢未来信息化战争提出了新的挑战。但无论战争如何变化，人民战争思想始终保持着它强大的生命力。面对信息化战争，人民战争仍然具有极其重要的时代价值和现实指导意义。

　　信息化战争并没有改变战争的性质。信息化武器的广泛应用只是改变了战争的形态，但战争的性质没有改变。未来中国面对的战争，将是维护国家安全和领土主权完整，维护

▶ 资料链接

人民战争战略思想的内容

　　为着广大人民群众的根本利益而战斗，最大限度地相信和依靠人民群众，在党的领导下，动员群众、组织群众、武装群众、与群众一起进行战争，建立一支人民的军队，实行人民解放军、国防后备力量和人民武装警察部队组成的武装力量体制，以符合实际的武装斗争形式和各条战线各种形式的斗争相结合，运用灵活机动的战略战术打赢战争。

军队和人民之间的鱼水情，是开展人民战争的根本保障。图为2008年5月军队医疗人员在四川地震灾区救护伤员。

国家权益和战略稳定，维护国家和民族尊严，维护国家发展重要战略机遇期的正义之战。正义的战争必将得到最广大人民群众的拥护与支持正义性是人民战争的根本特征，也是赢得战争胜利重要的政治基础和条件。

信息化战争必须依靠民众的广泛参与。信息化战争为人民战争的发展提供了新的广阔空间。虽然人民群众在信息化战争中的作用形式发生了重大变化，但人民群众在战争中的地位却没有变化。信息化战争条件下，战争与政治、经济、文化、社会的关系更为密切，军人和平民、前方和后方、军事行动与非军事行动的界限愈加模糊。战争不但是军人的事情，而且平民可以在多个领域，利用多种方式直接或间接的参与战争。信息化条件下的战争涉及地、海、空、天、电多维空间和领域，技术水平越来越高，物资消耗越来越大，需要动员和组织全国各条战线上的人民群众，充分发挥革命战争年代时的精神，发展生产，支援军队，为取得战争胜利提供一切有利的条件。

在新的历史条件下，人民战争基本思想虽然没有变，但必须研究人民战争理论面临的新情况、新问题。特别是面对未来信息化战争，要根据信息化战争的内在特点，研究人民战争能量积聚与释放的新方式，注重平时战争能力的积聚和综合国力的提高，把人民战争建立在现代科学技术发展的基础上，努力提高国家的科技创新能力，不断提升军队高新武器的信息科技含量，实现武器装备的现代化、信息化。同时要创新人民战争的战略战术，你打你的，我打我的，不管敌人从哪个空间来、哪个时间来，都有对付他的一套打法，使人民战争在信息化条件下焕发出时代生命力。所以说，只要有战争存在，人民战争思想的基本精神就永远不会过时，相信人民、依靠人民、动员群众、组织群众进行人民战争永远是中国克敌制胜的法宝。

（二）积极防御战略方针

中国实行积极防御的方针。所谓积极防御，其基本内涵是：一、在性质上，在战略上，它是防御性的，后发制人的；而不是进攻性的，先发制人的。在未受到外部武装挑衅，国家利益未受到严重侵犯的情况下，中国不会首先打第一枪，不会主动发动进攻。中国的军事力量不会对任何国家构成威胁。从这个意义上讲，中国在军事战略上是被动反应式的。二、在军事行动的要求上，在战役战斗上，它又是积极的，而不是消极的；是主动的，而不是被动的。它要求主观能动性最大限度的发挥。这主要体现在战争爆发前灵活运用各种军事手段，同政治、经济、外交等手段相配合，努力预防与遏制

战争的爆发，使国家建设免遭战争的冲击。一旦战争不可避免，则尽可能控制战争的纵向升级，控制战争的规模、强度与进程，把战争的危害减少到最低限度。为达此目的，在战争实施过程中要求以积极的坚决的灵活的攻势作战行动，粉碎敌人的作战企图，尽快恢复战前态势。积极防御军事战略方针，寓攻于防、防中有攻，深刻反映了攻防结合的辩证统一关系，充分体现了中国政治战略与军事战略性质的高度一致，社会主义社会性质与自主自卫的军事战略性质的高度一致，保卫国家安全与维护世界和平的高度一致，作战目的的正当性与作战行动的坚决性的高度一致。

　　在长期的国内革命战争中，中国人民解放军一直坚持"积极防御"的战略方针。中华人民共和国成立后，虽然随着不

海上支前保障实兵演习

同时期、不同作战对象和敌我力量对比情况的变化，中国军队战略方针具体内容与表现形式不断调整变化，但积极防御的基本方针始终未变。

20世纪50年代，中华人民共和国成立初期，面对外部的遏制与封锁，毛泽东明确提出要建立强大的陆军、空军和海军，建设现代化的国防。1956年3月6日，国防部长彭德怀在军委扩大会议上作了《关于保卫祖国的战略方针和国防建设问题》的报告，确立了中华人民共和国第一个"积极防御"的军事战略方针。

20世纪70年代末和80年代，国际形势趋向缓和，国家进入改革开放的新时期，国家战略全面调整，工作重心转向经济建设。军队建设指导思想也实现了战略性转变。"积极防御"方针强调在战略指导上要从立足于随时准备对付敌人大规模入侵转变为着重对付可能发生的局部战争和军事冲突，在基本稳定北线战略态势的前提下逐步改善南线战略态势，重视经略海洋、保卫和维护国家的海洋权益，提高武装力量的实战能力和整体威慑能力。

20世纪90年代，两极格局解体，国际形势总体上继续趋向缓和，但国际力量对比严重失衡。世界新军事变革迅猛发展，战争形态发生重大变化。根据国际战略格局，国家安全环境和当代战争形态的新变化，中国进一步调整军事战略方针，强调要把军事斗争准备的基点放在打赢现代技术特别是信息化条件下的局部战争上来，明确提出科技强军战略，要求军队建设实现由数量规模型向质量效能型、由人力密集型向科技密集型的转变。加速军队质量建设，提高应急作战能力。这是中华人民共和国成立以来积极防御军事战略方针的一次重大调整，是中国军事战略理论与战略实践的重大发展。随着中国综合国力的增长以及国际战略形势的变化，未来面临举国迎敌的全面战争的可能性较小，但当代战争根源仍然存在，对中国潜在的安全威胁仍然存在，局部战争的可能性难以排除。而且在信息技术迅速崛起并广泛应用于军事领域的情况下，当代这种局部战争不再是传统的一般技术条件下的局部战争，而是信息化条件下的局部战争。这种信息化条件下局部战争对中国军队的防卫作战能力及军事战略指导的要求不是更低了，而是更高了。

在新的条件下，贯彻积极防御军事战略方针，确保打赢信息化条件下局部战争，中国特别强调坚持以下四个"统一"：

一是坚持准备战争、制约战争与打赢战争的统一。准备战争是基础，制约战争是目的，打赢战争是根本。切切实实的战争准备是制约战争与打赢战争的可靠保障。

二是坚持人民战争与发展信息作战手段的统一。信息的发展没有也不可能否定人民战争的历史地位与时代价值。中国强调在坚持人民战争的同时，要从战略的高度重视信息作战手段的开发与运用。坚决贯彻科技强军战略，以发展"两弹一星"的战略气魄与务实精神，实现人民战争与军事信息技术的有机结合。

三是坚持战略内线防御与战略外线反击的统一。战略内线防御旨在顶住敌人的战争冲击，保持战争全局的稳定，战略外线反击则在于剥夺敌人的战争手段，保持战略主动地位，二者相辅相成。在坚持战略内线防御的前提下，坚决实施外线反击作战是信息化条件下局部战争实行防御性战略的国家的最佳选择，是积极防御战略中积极性的最大限度的释放与发挥。

四是坚持歼灭敌人有生力量与对敌作战体系实行歼灭性

打击的统一。信息化条件下，歼灭敌人有生力量对于影响敌方社会心理、动摇敌人作战意志仍然具有重要的战略意义。

（三）军事力量的战略运用

新世纪新阶段，人民解放军贯彻积极防御战略方针，坚持以联合作战为基本作战形式，充分发挥诸军兵种优长，打赢信息化条件下的局部战争，有效应对多种安全威胁，完成多样化军事任务。

——陆军

逐步推进陆军由区域防卫型向全域机动型转变，提高空地一体、远程机动、快速突击和特种作战能力。

在信息化条件下，诸军兵种参加的一体化联合作战将成为主要的作战形式。在这样的联合作战中，陆军要克服传统的以陆为主的观念，确立全局意识、配合意识、主动意识。

在与海、空军联合作战条件下的陆军作战，参战要素多，整体作战的要求高，必须充分发挥综合作战能力，整体取胜。为此，应做到火力与兵力紧密结合、软杀伤与硬打击紧密结合、高技术兵器与一般兵器的使用紧密结合。

攻防兼顾，以攻为主。建立攻防兼备的指挥体系，不仅在指挥机构上注重合成、精干，在指挥手段上力求自动化，而且注重提高指挥机构的快速机动能力和再生能力，实现指挥的连续性和稳定性。

——海军

海军是海上作战行动的主体力量，主要用于保卫国家海上方向安全、领海主权和维护海洋权益。

近年来，中国海军战略由近岸防御转变为近海防御。"近

抢摊登陆演习

"海防御"的战略思想包含了"积极防御"的战略性质。它在
性质上是防御的，但行动要求是积极的。为此，要逐步增大
海军近海防御的战略纵深，全面提高近海综合作战能力、战
略威慑与反击能力，逐步发展远海合作与应对非传统安全威
胁能力。当前,在维护海洋权益为中心任务的海上军事斗争中,
战略主动权和对边远海区的战略控制能力显得尤为重要，海
军在服从并服务于国家大政方针的前提下，要适应当前乃至
今后一个时期中国海上军事斗争向边远海区发展的需要。

　　海军战略运用已超出单纯的军事行为的范畴，必须关
注国际风云变幻，利用开发海洋、对变化的事态的监控来发
展海军的实战能力。海军战略运用要注重非军事因素的"战

海军编队环球航
行。

略制动"作用，慎重使用武力，服从于国家经济建设和改革
开放。

—— 空军

空军是空中作战行动的主体力量，主要用于保卫国家领
空安全和领土主权，保持全国空防稳定。依据新时期军事战
略方针，空军正在由国土防空型向攻防兼备型转变，提高观
察预警、空中打击、防空反导和战略投送能力。

在新世纪新阶段战略运用上，面对未来高技术战争特别
是信息化条件下局部战争，无论是军事威慑，还是联合作战，
空军部队首当其冲，全程使用，遂行多种作战任务。空军战
略运用主要体现为"积极防御，攻防兼备"、"维护权益，前
沿使用"。

中国空军是空防合一的军种，国土防空是空军的一项重
要战略性任务。将空中进攻与防空作战结合起来，攻防兼备，
以防助攻，以攻保防，全面发挥空军的战略功能，有效打击
来犯之敌，保卫国家安全。

2009年11月15日，庆祝新中国空军成立60周年飞行跳伞表演在京郊沙河空军机场拉开帷幕。图为歼10飞机在空中进行高难度动作飞行表演。

维护权益，前沿运用。根据国际法和国际惯例，空军战略运用的范围，不仅覆盖国家主权的内陆、领海的领空范围，并且包括中国拥有合法管辖权的专属经济区和大陆架海域上的海洋空间。因此，空军战略运用重点要适应国家利益的拓展，加强进攻力量及相应的配套建设，实现由国土防空型向攻防兼备型转变。

—— 第二炮兵

第二炮兵是中央军委直接掌握使用的战略部队，是中国实施战略威慑的核心力量，主要担负遏制他国对中国使用核武器、遂行核反击和常规导弹精确打击任务。依据新时期军事战略方针，第二炮兵逐步完善核常兼备的力量体系，提高信息化条件下的战略威慑和常规精确打击能力。

高度统一。第二炮兵的作战行动，直接关系国家和民族的根本利益，关系战争全局，关系政治、外交和军事的综合效应，关系国际形势和大国关系的重大影响。因此，第二炮兵遵守国家不首先使用核武器政策，贯彻自卫防御核战略，由中央军委实施高度统一的集中领导和指挥，严格、准确地按照中央军委的战略意图行事，以保证国家免受外来核攻击。

第二炮兵所属导弹核武器，平时不瞄准任何国家；在国家受到核威胁时，核导弹部队将提升戒备状态，作好核反击准备，慑止敌人对中国使用核武器；在国家遭受核袭击时，使用导弹核武器，独立或联合其他军种核力量，对敌实施坚决反击。第二炮兵常规导弹部队主要担负对敌战略战役重要目标实施中远程精确打击任务。

中国特色军事变革与创新

　　进入21世纪以来，为应对世界新军事变革的严峻挑战，中国把握机遇，着眼时代发展和国家安全的需要，从中国国情军情出发，加快步伐，积极推进中国特色的军事变革，中国国防和军队现代化建设进入了一个新的发展时期。

（一）当代世界与中国新军事变革的本质特征

20 世纪 70 年代以来，人类社会技术型态酝酿着重大的时代性转变。以信息技术为核心的一系列高新技术群迅猛崛起。其中主要有以微电子技术、计算机技术、人工智能技术、通信技术为基础的信息技术群、以人造地球卫星、航天飞机、宇宙飞船、空间站为代表的航天技术群、以核聚变为代表的核能源技术群、以复合材料和耐高温材料为代表的新材料技术群、以遗传工程为代表的生物技术群、以海洋工程为代表的海洋开发应用技术群等，这一系列高新技术群的出现及其在军事领域的广泛应用，同时引发了人类历史上一场涉及全球，影响深远的新军事变革。当代世界新军事变革的根本动因是实现军事效能质的飞跃，以支持在 21 世纪的国际战略格局中争取有利地位和战略优势。它的基本目标是，以人类社会由工业社会向信息社会的转型为背景，以信息技术为核心的高技术的发展为直接动力，以信息为基因，以信息化建设和"系统集成"为主要手段，把适应打机械化战争的工业时代的机械化军队，建设成适应信息化战争的信息时代的信息化军队，最终形成以信息化为基本特征的新军事体系。信息化是新军事变革的本质与核心，信息是当代世界新军事变革的新质与基

中国在航天领域处于世界前沿。

北海舰队夜间训练

因。在构成战争的人流、物流、能量流与信息流诸要素中，信息流日益成为驾驭与支配人流、物流、能量流的核心要素。人类社会的战争形态将由机械化战争转化为信息化战争，工业时代的机械化军队转化为信息化军队。建立在新的物质技术基础上的新军事变革，将导致军队建设和作战方式等一系列方面发生革命性变化。信息化武器装备将成为军队作战能力的关键因素，非接触、非线性作战将成为重要作战方式，体系对抗将成为战场对抗的基本形态，太空将成为国际军事竞争新的战略制高点。中国特色军事变革的基本内涵就是紧紧抓住信息化这个本质与核心，就是适应世界新军事变革发展趋势，从中国的国情和军情出发，通过深化改革，实现军队建设的整体转型，建设一支能够打赢未来信息化战争的强大的现代化正规化革命军队。

（二）以信息化为核心，走中国跨越式的发展道路

推进中国特色的军事变革，按照打赢信息化战争要求建设信息化军事体系，必须走跨越式发展道路。国防和军队现代化，是一个动态发展的概念。中国20世纪50年代确立的国防和军队现代化发展目标，就是实现国防和军队的机械化。经过长期奋斗，中国国防和军队的现代化水平取得了长足进步，但受国家经济技术发展水平所限，现在仍处于机械化半机械化的发展阶段，机械化尚未完成，又需要努力实现信息化。中国军队既不能脱离现实，企求一步登天，直接向信息化迈进，也不能按部就班地等完成半机械化到机械化的转变后再进行信息化建设，而只能发挥后发优势，充分利用时代赋予的一切有利条件，坚持以机械化为基础，以信息化为主导，以信息化带动机械化，以机械化促进信息化，努力推进机械化和信息化的复合式发展。我们坚持以信息化为主导，带动和改造机械化，同时又以这种新的机械化促进信息化，跨越传统机械化乃至信息化初期建设中某些可以跨越的阶段，以局部跃升推动和促进国防和军队的全面建设，完成机械化、信息化建设的"双重历史任务"，力争在本世纪中叶实现建设信息化军队的战略目标。

为此，中国提出了"三步走"的战略构想，以实现以信

通信装备适应性
演习

息化为核心，确立了 21 世纪前 50 年分三个阶段实现我国现代化的战略部署。国防和军队现代化作为国家现代化建设的重要组成部分，与国家现代化发展战略相配套，从 20 世纪末到 21 世纪中叶，中国国防和军队现代化建设也制定了"三步走"的发展战略。按照"三步走"发展战略，第一步要用十几年时间，努力实现新时期军事战略方针提出的各项要求，主要解决好军队的规模、体制编制和政策制度问题，为国防和军队的现代化建设打下坚实的基础；第二步，到 2020 年，随着国家经济实力的增长和军费的相应增加，加快军队质量建设的步伐，使国防和军队的现代化建设有一个较大的发展；第三步，再经过 30 年的努力，到 21 世纪中叶，实现国防和军队的现代化。也就是用本世纪前 50 年的时间，逐步实现国防和军队的信息化。实现国防和军队现代化建设"三步走"的战略目标，第一步是关键。在国家现代化建设的总体布局下，充分利用当前和平与发展的宝贵时机，以改革为动力，以科技创新为杠杆，以信息化为目标，认真借鉴发达国家军队现代化建设的有益

免费开放的国防展览让大批观众有机会近距离接触各种先进的军事装备。

空军加快装备更
新步伐。

经验，充分利用国内和国际的战略资源，保持较快的发展速
度，使军队的现代化建设水平与发达国家军队的差距有所缩
小，积蓄力量，为以后的发展作好准备，为实现国防和军队
的信息化打下坚实的基础。

（三）自主创新，推进军事体系全面转型

　　自主创新是推进国防和军队建设、加快中国特色军事变
革的强大动力，是实现跨越式发展的关键。中国始终坚定地
把立足点放在依靠自己的战略资源，自己的聪明才智、自己
的创造性劳动上。这是中国在当代世界性军事变革的大潮中，
掌握自己的命运，自立于世界民族之林的战略基点。

　　当前中国军队建设仍存在薄弱环节，中国国防与军队建
设基础薄弱，国防投入有限，总体上看国防与军事体系仍然
处于工业时代机械化战争的中级发展阶段，或者说，仍处于
机械化、半机械化阶段。中国军队结构性矛盾仍然比较突出，
特别是海军、空军、战略导弹部队的比例和信息化程度仍然
不高，在某种程度上仍未摆脱"大陆军"的痕迹。在军事理
论上，人民战争理论如何具体应用于信息化条件下的作战实

践，创新信息化条件下的人民战争新方式仍然是一个亟待解决的重大课题。中国国防与军队建设的主要矛盾仍然是现代化水平与打赢信息化条件下局部战争的要求还不相适应，军事能力与履行新世纪新阶段军队历史使命的要求还不相适应的矛盾。中国国防与军队现代化水平与世界军事技术先进的发达国家相比，仍有不小的差距。加快中国特色军事变革，必须大力推进军事理论、军事技术、军事组织和军事管理创新。军事理论创新对中国特色军事变革具有基础性、前瞻性和先导性作用，军事技术创新对加快中国特色军事变革起着原动力的作用，军事组织创新对提高战斗力、实现人与武器装备的最佳结合起着重要的纽带作用，军事管理创新对降低军队建设成本、提高军事系统运行效率同样具有非常重要的作用。加快中国特色军事变革的根本目的是提高战斗力，以此为出发点和落脚点，用战斗力标准来统一改革思想、制定改革措施、检验改革成效，通过改革创新不断加快中国特色军事变革。

海军导弹护卫舰
发射反舰导弹。

—— 军事理论创新

确立与信息化战争相适应的现代军事理论，是中国军事领域深刻变革的灵魂。可以说，没有理论思维的创新就没有真正意义上的军事变革。从一定意义上讲，世界军事的竞争首先表现为军事理论创新能力的竞争，谁拥有卓越的军事理论创新能力，谁就能把握军事发展的主动权。理论牵引与技术推动是当代军事变革的两大动力，也是当代世界新军事变革区别于历史上的军事变革的特征之一。它既是新军事变革本身的内涵之一，也是引导新军事变革走向深入的必要条件与动力。在当代世界军事变革中，各国都在努力探讨信息化战争理论，新思维、新概念、新理论层出不穷。例如，全维一体化作战理论，信息威慑与信息功防作战理论，快速决定性作战理论，网络中心战理论，制信息权与制天权理论，非接触、非线式、非对称作战理论等等，都反映了与信息化战争相联系的新的理论思维。早在 20 世纪 90 年代初，当新的

航空兵指挥员积极演练战法。

战争形态与战争方式刚露端倪的时候，中国就率先提出了"打赢现代技术特别是高技术条件下的局部战争"的战略概念，作为指导全军建军作战的战略方针，显示了战略思维的前卫性与敏锐性。近年来，随着新军事变革实践的深入发展，又进一步明确地提出把军事斗争准备的基

点放到打赢信息化条件下的局部战争上来。中国军事理论创新的基本方向是在继承毛泽东优秀军事战略文化遗产的基础上，从中国新世纪战略环境与战略需求的实际情况出发，努力突破传统军事思维模式的束缚，更新战争与战略观念，确立信息化时代的多维一体作战思维、基于能力的联合作战思维、中远程精确作战思维、高度智能化作战思维，确立信息化时代新的战争胜负观、战争效益观、战争时空观、战争控制观、战争能量观、战争体系观等，进一步探讨在信息化水平不对称的条件下实行"你打你的，我打我的"，完全主动作战的作战样式与行动规律，探讨人民战争与信息技术相结合的新战法、新思路。

军队政治教育课不仅有基层主官进行授课，也采取让战士人人上讲台、个个能授课的自我式教育。

—— **军事技术创新**

推进军事技术创新，建立信息化的武器装备体系，这是实现中国特色军事变革的物质形态与客观基础。对于中国这样一个经济技术基础相对薄弱，军队现代化水平相对较低的国家来说，大力发展以信息技术为基础的先进的军事手段和

武器装备，实现军事能力质的跃升显得尤为迫切，尤为重要。20 世纪 80 年代，邓小平就曾指出"中国必须发展自己的高科技，在世界高科技领域占有一席之地"。在他的直接过问与推动下，采纳了王大珩等四位老科学家《关于跟踪世界战略性高技术发展的建议》，组织全国 200 多位知名科学家进行论证，于 1986 年 11 月 18 日推出了《高科技研究发展计划纲要》，即"863"计划。该计划实施以来，在生物、航天、信息、激光、自动化、能源、新材料等高科技领域，取得了一批重要成果，其中许多项目达到了世界领先水平。"863"计划为中国国防科技事业的发展注入了新的生长素和推动力。随后中国又推出了"超级 863"计划，和其他高新军事技术计划。为适应现代条件下信息体系对抗和不对称作战的要求，中国在推动军事变革的进程中，进一步实施科技强军战略，把提高军事技术和武器装备的自主创新能力，作为国防和军队现代化建设的战略基点，坚持军民结合、寓军于民，坚持原始创新、集成创新、引进消化吸收再创新相结合，力争在一些基础性、前沿性、战略性技术领域取得重大突破，推动高新技术武器装备的自主式发展、跨越式发展、可持续发展。坚持"缩短战线，突出重点，集中财力、物力、人力办大事"的方针，本着"有所为，有所不为"的原则，瞄准世界高新技术发展前沿，加快研制类似"两弹一星"的新型"杀手锏"主战装备，抢占一些关键技术的制高点，掌握有自主知识产权，有战略威慑力与实战力的新手段，形成和保持相对优势与局部优势。完善以作战需求牵引军事技术创新和武器装备发展的工作机制，努力形成着眼长远、兼顾当前，相互配套、合理可行的作战需求指标体系。要构建军民结合、寓军于民的军事技术创新体系，促进军民科技创新体系的融合。要努力提高国防关键技术和武器装备自主创新能力，掌握一批拥有自主知识产权的国防关键技术和核心技术。

—— 军事组织创新

推进军事组织体制创新，努力锻造 21 世纪的中国信息化新军，这是中国特色军事变革的组织表现与制度保障。当代世界各国军事体制革新的共同趋势是在信息化目标牵引下，深化军队结构改革，以便于信息的快速流动，实现人与武器的最佳结合，最大限度地发挥作战效能，压缩规模，优化结构，缩短信息流程，简化指挥程序，提高军队信息技术含量，努力实现作战编成由传统合成化向模块化、一体化、多样化转变，指挥体制由垂直树状式向扁平网状式转变。建国以来，中国军队经过多次改革，在精干、高效、合成的方向取得重大进展，特别是 20 世纪 90 年代以来，为适应打赢高技术局部战争的需要，军队结构由人力密集型向技术密集型、数量规模

2008 年 6 月 10—14 日，中国人民解放军主办的东盟与中日韩 (10+3) 武装部队国际救灾研讨会在石家庄解放军陆军指挥学院举行。来自东盟 10 国、中国、日本、韩国的防务官员和救灾部队指挥员及东盟秘书处官员，参观解放军陆军指挥学院军事教育技术实验中心。

型向质量效能型加速转变，为中国军事体制进一步创新奠定了良好基础，随着新军事变革的深入发展，中国将进一步解决军队建设中深层次的结构性矛盾，理顺军兵种比例、机关与部队比例、战斗人员与非战斗人员比例等各种比例关系；建立适应信息化战争要求的指挥体系、作战体系、保障体系、教育训练体系，实现军队结构的全面转型；抓紧实施信息化时代的人才战略工程，培养造就一大批忠于祖国、体魄强健、思维敏捷、精通军事，熟悉现代科技知识和专业技术，能够在信息密集、瞬息万变、高强度对抗的战争环境中做出准确迅速反应、从容驾驭现代战争的高素质军事人才，包括高素质的复合型指挥人才、智囊型参谋人才和专家型科技人才。使这支曾经赢得无数荣誉的人民军队在信息化时代以崭新的面貌永续辉煌，不辱使命。

—— 军事管理创新

世界新军事变革不仅是一场军事理论、军事技术和军队组织体制的革命，也是一场军事管理的革命。科学高效的管理，对于降低军队建设成本、提高军事系统效率、增强军队战斗力，具有非常重要的作用。新世纪新阶段，随着武器装备现代化水平日益提高，部队编成结构发生重大变化，军事管理内涵大大拓展，对军事管理提出了新的更高要求。加强科学管理，提高军队现代化建设的质量和效益，是中国军队一个亟待研究解决的重大问题。推动军事管理创新，就是要适应军队现代化建设的新形势，更新管理观念，加强战略管理、部队管理和资源管理，创新管理机制和管理方式，不断增强科学管理能力，提高现代管理水平。

独立自主的中国现代国防科技工业体系

　　中国国防科技工业作为国家战略性产业，是国防现代化建设的重要基础，是武器装备研制生产的骨干力量，是国家先进装备制造业的重要组成部分和国家科技创新体系的重要力量。中国独立自主地建设和发展国防科技工业，提高国防科技工业的整体水平和经济效益，促进国防建设与经济建设协调发展。建国60年来，中国国防科技工业取得了以"两弹一星"和载人航天为标志的辉煌成就，极大地增强了国家的国防实力、科技实力、综合国力和民族凝聚力。

88

2008 年 3 月，中国政府机构实行大部制改革，国务院工业和信息化部下属的国家国防科技工业局成为主管国防科技工业的部门，负责研究拟制国防科技工业发展的方针、政策和法律、法规、规章；研究国防科技工业发展规划，作好国防科研、生产、建设的统筹和衔接；组织军品科研生产的资格审查和许可；审核科研生产单位与军方签订的科研生产合同，协调、监督、检查订货合同的执行，保障军事装备的生产供应；对核、航天、航空、船舶、兵器工业等行业实施行业管理，指导军工电子行业管理；组织研究和实施国防科技工业体制改革，组织国防科技工业能力、结构和布局调整；负责编制国防科技工业固定资产投资、军转民技术改造及技术开发的规划、计划并组织实施；负责国防科技工业的对外交流与国际合作。

经过几十年的发展，中国依靠自己的聪明才智，以世界上最少的投入建立了包括核技术与航天技术在内的专业门类基本齐全、科研生产手段基本配套的独立的完备的国防科技工业体系，培养造就了一支具有较高技术水平和优良作风的国防科技工业人才队伍，为中国自主研制生产武器装备奠定了重要的物质和技术基础。

（一）自主创新的发展道路

自主创新是国防科技的灵魂，是实现国防科技工业腾飞的重要基石，是国防科技工业持续发展的不竭动力。建国以来，中国国防科技工业依靠自力更生，走出了一条自主创新的发展道路。实践证明，惟有自己掌握核心技术，拥有自主知识产权，才能将国家发展与安全的命运掌握在自己的手中。

　　20 世纪 50 年代，中国的国防科技工业几近于零，基础十分薄弱。在这种情况下，广大国防科技工作者艰苦创业、顽强拼搏，敢于创新、善于创新，攻克了一个又一个难关，终于研制成功了"两弹一星"：1964 年 10 月 16 日，中国第一颗原子弹爆炸成功；1966 年 10 月 27 日，中国第一颗装有核弹头的地地导弹飞行爆炸成功；1970 年 4 月 24 日，中国第一颗人造卫星发射成功。

2008 年 9 月 25 日，中国成功发射"神舟七号"飞船，将 3 名宇航员同时送入外太空。

在"两弹一星"精神的激励下，经过几十年的发展，在新时期中国的核工业、航天工业、航空工业、船舶工业、兵器工业和军事电子工业等国防科技行业也取得一系列创新成果。

在航天科技领域，依靠自主创新，中国在空间技术、空间应用和空间科学等领域取得突破性进展，特别是 2003 年 10 月 15—16 日，中国成功地进行了首次载人航天飞行，中国第一位航天员杨利伟乘飞船在太空历时 21 小时 23 分，实现了中华民族的千年飞天梦想，使中国成为世界上第三个能够独立开展载人航天活动的国家，极大地提升了中国的航天大国地位。2005 年 10 月 12 日，中国"神舟六号"双人飞船成功升空，在太空飞行 6 天零 18 小时，绕地球 108 圈。2007 年 10 月 24 日，中国"嫦娥一号"卫星上天，中国首次月球探测工程取得圆满成功。由"叹月"到"探月"，中华民族实现千年奔月梦想。开启中国人走向深空，探索宇宙奥秘的时代。这是继人造地球卫星、载人航天飞行取得成功之后，中国航天事业发展的又一座里程碑。2008 年 9 月 25 日，中国成功发射"神舟七号"宇宙飞船。北京时间 9 月 27 日下午 16 时 50 分许，航天员翟志刚穿着中国研制的舱外航天服顺利出舱，实施中国首次空间出舱活动，这是中国空间技术发展的一个重大跨越。中国航天事业的蓬勃发展，更标志着中国综合国力的提高和国防能力

北京时间 2008 年 9 月 27 日 16 时 50 分左右，神七航天员翟志刚手持五星红旗成功出舱，实现了中国人的首次太空行走。

的加强。

在航空科技领域，依靠自主创新，中国在支线飞机、通用飞机、直升机等民用飞机研制取得重要进展。2006年，中国自行研制的、具有自主知识产权的高性能、多用途第三代先进战斗机"歼—10"飞机研制成功，使中国军队航空武器装备具有了与国外现役先进战斗机相抗衡的能力，实现了空军战机从第二代到第三代的历史跨越，提升了中国空军的空战能力。

中国国产支线飞机如"新舟"60客机，在安全性、可靠性、舒适性、维护性等方面达到或接近世界同类飞机的水平，而价格只有国外同类飞机的三分之二。该机是中国具有自主知识产权的高科技大宗机电产品"走出去"外贸战略又一新的里程碑，是中国民用客机进入国际市场、参与国际竞争跨出的重要一步。

2008年10月28日，第七届珠海航展上的歼—10战机。

在核科技领域，依靠自主创新，中国在核能和核技术应用方面取得了重要突破。秦山核电二期工程是中国第一座自主设计、自主建造、自主管理、自主运营的商业核电站，在多项技术上取得重大突破，如核岛的控制棒驱动机构达到850万步的国际先进水平。秦山二期首次按照国际上先进的核电站建设标准建成，并且不经过原形阶段，一次获得成功，并且核电站的综合技术达到国际同类核电站水平。这是中国实现由自主建设小型原型堆核电站到自主建设大型商用核电站

新型常规潜艇

的重大跨越，为中国自主设计、建设百万千瓦级核电站奠定了坚实的基础。

在舰船科技领域，依靠自主创新，中国已具备研制生产大型集装箱船、VLCC 超大型油轮、LNG 液化天然气船等高技术、高附加值船的能力，核心竞争力不断增强，正在向世界第一造船大国的目标迈进。

在电子科技领域，依靠自主创新，中国具有自主研制独立电子系统和平台电子系统以及发展基础电子技术的能力。万亿次／秒的计算机、各种加固计算机已接近或达到国际先进水平；中国航天测控网在一些关键测控技术方面已跻身世界先进行列。

（二）军民兼容的结构体系

中国加快国防科技工业改革创新，推进军工企业战略性结构调整、专业化重组，提高武器装备研制的自主创新能力，努力构建军民结合、寓军于民的国防科技工业新体系。

中国一贯重视和平利用军工技术，1978 年提出了"军民结合，平战结合，以军为主，以民养军"的方针，鼓励军民两用技术和高新技术产业。经过多年努力，中国国防科技工业企业已开发了矿山、冶金、机械、电子、轻工、化工、电力、建材、航空、航天等 10 多个行业 40 多个大类、上万个品种的民用品，其产值已占整个国防科技工业企业产值的八成以上。

核工业体系。中国核工业创建 50 多年来，经历了"以军为主"和"军民结合，转向民用"两个发展阶段。20 年来，中国核工业在"军民结合"方针指导下，调整产业结构和产品结构，压缩军用科研生产，扩大核能技术和平利用，发展对外科技合作和经济贸易，为核工业的新发展开辟了广阔的道路，形成了包括核电、核燃料循环、核科学技术研究及核设备仪器制造等体系在内的完整工业体系。中国核工业在 50 多年的发展中，研制成功了原子弹、氢弹和核潜艇，为加强综合国力和提高中国的国际地位做出了贡献。在核能的和平利用方面已取得较大进展。中国目前已建成浙江秦山核电站（一期、二期、三期）、广东大亚湾核电站和岭澳核电站、江苏田湾核电站、山东海阳核电站。核工业直接为中国的国民经济建设服务，核电成为核工业转民最重要的支柱产品。到目前为止，中国大陆正在运行和建设的共有 11 台核电机组，总装机容量为 900 多万千瓦,核电占全国总供电量的 2% 以上。

航天工业体系。中国的航天工业创建于 1956 年。目前，航天工业的科研生产主要由两家特大型企业集团公司即中国航天科技集团公司和中国航天科工集团公司承担。经过几十年的发展，中国航天工业已经形成了完整配套的研究、设计、生产、试验体系，建立了多种卫星应用系统和空间科学研究系统，形成了门类齐全，涉及导弹、运载火箭、飞船、卫星和卫星应用系统等广泛领域的产品结构。中国民用航天在应用卫星、运载火箭技术、载人航天等方面取得长足进步。中国"长征"系列运载火箭历经80多次发射，成功率达到92%。中国拥有研制多种卫星的能力，在卫星回收、轨道控制、姿态控制、同步定点等技术领域均已达到世界先进水平。中国是世界上第三个掌握卫星收回技术的国家，是世界上第五个独立研制和发射地球静止轨道通信卫星的国家。从1970年4月24日第一颗人造地球卫星"东方红一号"跃上太空到2008年5月27日发射"风云三号"卫星，中国分别从酒泉、西昌、太原成功发射70多颗国产卫星和6艘航天飞船。其中，成功发射30多颗国外制造的卫星，在国际商业卫星发射服务市场中占有一席之地。

航空工业体系。目前，中国航空工业的科研生产由两家特大型企业集团即中国航空工业第一集团公司和中国航空工业第二集团公司承担。中国航空工业经过几十年的发展，建立了较为完善的航空科研、试验和生产制造体系，先后建立了包括飞机、航空发动机、机载设备、机载武器等的专业设计研究和生产制造企业，以及空气动力、强度、自动控制、试飞、材料、工艺、计算技术等专业研究试验机构。形成了门类齐全，涉及军用飞机、民用飞机、直升机、航空发动机、机载设备和机载武器等广泛领域的产品结构。目前，中国民用飞机在通用飞机、新型支线飞机的研制上取得重要进展。中国民用飞机工业从仿制国外轻型飞机起步，经过50多年的努力，先后研制生产了8大系列30多种机型的客机、货运飞机、通用飞机和民用直升机，累计生产1400多架。在国际合作方面，除大量转包生产国外飞机及发动机零部件外，还同美国麦道公司、法国欧直

公司、新加坡科技宇航公司、德国宇航公司、欧洲空客公司等
开展了相关飞机的合作生产、联合研制、可行性研究及前期论
证工作。2007年2月，中国国务院批准了在上海研制大飞机
的实施方案，2008年5月，中国商用飞机有限责任公司正式
成立，预示着中国大飞机制造业的全面启动。

　　船舶工业体系。目前，中国船舶工业集团公司和中国船
舶重工集团公司是中国船舶工业两大重要的企业集团，承担
着中国船舶工业主要的科研生产任务。中国船舶工业经过几
十年的发展，成为国民经济中的重要产业和重大技术装备的
制造部门，已经形成了一支实力雄厚、专业配套、经验丰富、
有较高技术水平的科技队伍和相当规模的产业大军。能够研
制和建造核潜艇、导弹驱逐舰、远洋航天测量船等现代海军
装备，以及高性能、高附加值的民用船舶和海洋工程设备。
民用船舶工业已成为全国机电行业中具有较强国际竞争力的
出口支柱型产业。中国造船产量持续增长，已连续13年位居

中国拥有完全自
主知识产权的
ARJ21新型支线
飞机于2008年
11月在上海成功
首飞。

世界第三位。2007 年，中国船舶行业造船完工 1800 万吨，比上年增长 25%，承接新船订单 7000 万吨。目前，中国造船产量中 80% 以上是出口船，船舶出口到 128 个国家和地区。中国船舶工业中长期发展的总体目标是形成能与先进造船国家竞争的产业基础和规模，形成以大企业（集团）为主力、规模化与专业化相结合、军民品协调发展的产业格局，产业技术、配套能力、劳动生产率和经济效益全面进步，并接近世界先进水平。

军事电子工业体系。中国军事电子工业已初步建立起门类比较齐全的军事电子科研、生产体系。经过 20 多年的改革发展，具有自主研制独立电子系统以及发展基础电子技术的国家。军事电子企业能生产数千种电子元器件，以及生产这些元器件的部分设备、仪器与材料；能生产多种型号的雷达、多种类型的情报侦察系统、综合电子战系统、多种导航设备、各种战略战术通信设备、大中小型军用计算机、服务器、工作站、加固计算机、嵌入式计算等军事电子装备，并能进行大系统的集成。形成了门类齐全，包括雷达、航天测控系统、军事通信设备、指挥自动化系统、电子对抗系统、情报侦察系统、敌我识别系统、军用计算机和电子元器件等产品结构。

兵器工业体系。目前，中国兵器工业的科研生产主要由中国兵器工业集团公司和中国兵器装备集团公司承担，地方军工企业也承担了部分科研生产任务，但规模较小。中国兵器工业经过几十年的发展，已经实现由传统兵器向高新技术兵器、由无控制面打击向精确制导点打击、由单一兵器作战装备向体系对抗武器系统的跨越发展，初步形成了专业配套、门类齐全、较为完整的常规武器装备独立自主的科研和生产体系，在一些领域已达到世界先进水平。在军品生产上，能

军转民高科技成
果交易会上的防
爆机器人

够自行研制和设计坦克、装甲车辆、火炮、弹药与制导兵器、
轻武器、火炸药、引信与火工品、光电与电子装置、防化器
材及模拟训练器材等各种兵器装备以及配套的各种材料和零
部件。在民用品生产上，民用产品和技术覆盖机械、化工、
光电三大领域，在重型车辆、工程机械、动力传动、特种化工、
工程爆破、建筑材料、信息控制、材料工程等产业的发展上
已形成了雄厚的实力。

今天，军民兼容已不仅仅是军转民的问题。随着中国经
济体制改革的逐步深入和科学技术的进步，民用高科技企业
迅猛发展，技术创新与开发能力越来越强，有的已经具有了
相当高的技术水平和使用价值，有的甚至已经超过了军工领
域的水平。在这种情况下，如何充分利用民用科技和工业基
础参与国防建设，鼓励和推动包括民营企业在内的民用优势
企业参与军品科研生产，以加快国防科技和武器装备的跨越
发展，就成为一项亟待解决的重大课题。为此，中国国防工
业认真落实科学发展观，统筹军与民，统筹利用军工系统和

2008 年 4 月 3 日，2008 年中国国际国防电子展在北京展览馆举行。国产 WF170 战斧式巡航导弹训练弹吸引了不少观众。

民用单位的资源。建立军民结合、寓军于民的创新机制，实现国防科技和民用科技相互促进和协调发展。军民结合、寓军于民，既包括充分利用军工资源，推动国民经济发展，也包括打破军工封闭，利用全社会特别是民用行业的科研生产力量，大力推进民用工业企业参与国防建设，加速武器装备发展。

（三）国防科技工业的改革发展

进入新世纪，中国国防科技工业在继承前人的基础上，努力开拓国防工业改革发展的新局面。继续调整和改造优化工业结构，健全军民融合的机制，逐步转变管理模式和改革管理体制，增强产业基础能力，推进国防科技工业转型升级，提高质量效益，走出一条中国特色军民融合式发展路子。

—— 国防科技工业结构的调整

产业结构按照"小核心、大协作、寓军于民"的总体构架，抓小放大，进一步调整军品科研生产的能力；不断调整军工民品的产品和产业结构，由"大而全、小而全"向专业化生产推进；统筹国内外市场、军民两种资源，调整借助外力思路，把重点转到军品科研与生产的国际合作上来，进一步扩大军品市场的对外开放；坚持走信息化、工业化复合发展的道路，不断提高军民品的制造水平，特别是研发水平。

运用市场机制的选择和集合作用，加快国防科技工业集团化、规模化的企业组织结构的调整；建立以产品为纽带的总承包商—分承包商—零部件协作商组织模式。

加大军民两用技术的研究开发生产力度，调整军工技术结构。通过推进数字化军工建设，提高武器装备研发和制造水平；调整优化军品科研生产能力结构，提升总体设计、总装测试和系统集成等核心能力；处理好技术引进与自主研发的关系，在引进国外先进技术的同时加大在微电子领域、光电、新材料等基础性领域的核心技术创新。集中力量抓好大型飞机、民用卫星应用产业、大型核电站和重大核燃料项目、高技术船舶等一批重大高技术产业化项目，带动产业发展实现整体跃升。积极参与西部大开发、振兴东北老工业基地、中部崛起和天津滨海新区建设，大力推进军工与地方经济融合发展。

—— **国防科技工业管理体制机制的完善与健全**

建立和完善与社会主义市场经济体制相协调、与武器装备建设规律相适应的国防科技工业新体制，走出一条中国特色军民融合式的发展新路。

改革现有国防科技工业管理体制。按"经济调节、市场监管、社会管理、公共服务"的要求转变政府管理职能，重点抓好服务、指导和监督工作；按照分工协作原则，理顺政府、军工集团公司、军工企业之间的关系；加强国防科技工业法规建设，规范行业管理，提高行业管理效率；按照现代行业协会治理要求，优化国防科技工业行业协会治理结构，完善其沟通、服务、协调、监督的功能。

进一步完善现有国防科技工业的运行机制。建立和完善以竞争机制为核心的"四个机制"（即"竞争机制、评价机

制、监督机制和激励机制"），破解国家军事订货制度，重点解决好发展的动力问题；完善与健全军用领域和民用领域之间技术成果双向扩散、交流机制，使军民之间互通互补互动，重点解决好发展的军民分割问题；建立国防科技工业人力资源开发与管理的运行机制，重点解决好制约发展的人才瓶颈问题。

新型主战坦克

—— 国防科研院所和生产企业的改革

充分发挥企业、科研院所、高等院校的各自优势，建立科研生产联合体或产业技术创新战略联盟，真正形成"利益共享，风险共担"的长效合作机制，使产学研结合成为国防科技创新体系建设的重要途径。推进科研院所改革，逐步推进国防科研院所市场化改革，优化军工科技力量布局和科技资源配置，使之更好地服务于经济建设和国防建设的协调发展；通过优化国防科研单位与生产企业之间的关系，调整资源配置把技术总装放在重要地位，从而形成抓新武器的研制开发和抓系统集成、总装和检测并进的国防科工管理格局；解决好国防科研成果的专利权和价值补偿问题，用市场机制来提高生产效益。

轰炸机长途奔袭演练

借鉴国企改革的成功经验，建立起以现代产权制度为基础的现代军工企业制度。以产权制度改革为突破口，加快现代企业制度建设，分类实施军工企业股份制改造，建立起行之有效的规范的公司法人治理结构；进一步推进"民参军"的进程，建立面向国内外的军品科研生产准入和退出制度，健全军民互动合作的协调机制；深化军工投资体制改革，推进投资主体多元化，逐步建立起政府调控有效、社会资本参与、中介服务规范、监督管理有力、军民良性互动的新型投资体制。2004 年 6 月，陕西一家民营企业赢得为联合国维和部队生产轻型装甲防暴车的合同，成为民营企业闯入武器装备生产领域的第一家。近年来，已有 100 多家非公企业成为陆军装备的承制单位。

（四）加强军品出口管制，和平利用军工技术

中国国防工业在基本满足本国国防现代化需要的同时，也向其他国家提供国防援助，支持其他国家和平利用军工技术。

中国军品出口严格遵循下列原则：（一）有助于接受国的正当自卫能力；（二）不损害有关地区的和世界的和平、安全与稳定；（三）不干涉接受国的内政。中国支持其他国家和平利用核技术，中国援建巴基斯坦的第一座核电站已投入运营，第二座正在建设中，核电将为巴基斯坦的经济发展贡献力量。

中国反对扩散大规模杀伤性武器及其运载工具。作为《不扩散核武器条约》、《禁止生物武器公约》和《禁止化学武器公约》等一系列防扩散领域国际条约的成员国，中国恪守条约义务，支持并积极参加维护和加强全球防扩散机制的国际努力。

资料链接

中国参加的军控、裁军和防扩散条约

核领域

- 《拉丁美洲和加勒比禁止核武器条约》第二附加议定书
- 《南太平洋无核区条约》第二、第三附加议定书
- 《中华人民共和国和国际原子能机构关于在中国实施保障的协定》
- 《核材料实物保护公约》
- 《禁止在海床洋底及其底土安置核武器和其他大规模杀伤性武器条约》
- 《不扩散核武器条约》
- 《核安全公约》
- 《非洲无核武器区条约》第一、第二议定书
- 《全面禁止核试验条约》
- 《中华人民共和国和国际原子能机构关于在中国实施保障的协定的附加议定书》

化学领域

- 《关于禁止发展、生产、储存和使用化学武器及销毁此种武器的公约》

生物领域

- 《禁止在战争中使用窒息性、毒性或其他气体和细菌作战方法的议定书》
- 《禁止细菌（生物）及毒素武器的发展、生产及储存以及销毁这类武器的公约》

常规领域

- 《禁止或限制使用某些可被认为具有过分伤害力或滥杀滥伤作用的常规武器公约》及其所附第一、第二、第三号议定书

其他

- 《南极条约》
- 《关于各国探索和利用包括月球和其他天体在内外层空间活动的原则条约》
- 《关于登记射入外层空间物体的公约》
- 《禁止为军事或任何其他敌对目的使用改变环境的技术的公约》

在防扩散出口控制方面，中国政府历来采取慎重和负责的态度，对与大规模杀伤性武器及其运载工具有关的敏感物项和技术的出口实行严格控制，并不断完善有关出口控制机制，逐步建立和健全基于许可证管理制度的出口控制法制化体系。

1997 年以来，中国政府相继颁布了《核出口管制条例》和《核两用品出口管制条例》、《军品出口管理条例》、《技术进出口管理条例》、《导弹及相关物项和技术出口管制条例》、《生物两用品及相关设备和技术出口管制条例》及《管制清单》、《有关化学品及相关设备和技术出口管制办法》及《管制清单》等法规，全面涵盖了核、生物、化学和导弹及所有有关类型的军用物品，从而形成了一个全面的敏感物项出口控制体系。

中国认为，大规模杀伤性武器及其运载工具的扩散有其复杂的根源，防扩散努力应本着标本兼治的原则，通过政治、外交等手段谋求妥善的解决办法。谋求国际关系的普遍改善，是消除威胁的根本途径，也是国际防扩散事业健康发展的前提和保证。构建一个公正、合理、有效的国际防扩散体制应是国际社会的努力方向。防扩散应确保非歧视性和各国的安全不受减损，并保障各国和平利用先进科技的权利。巩固现有的防扩散机制或建立新机制均应在各国普遍参与、民主决策的基础上进行，并充分发挥联合国的作用。

中国愿与国际社会一道，为推进国际防扩散机制的发展和完善，促进世界和平、稳定与发展作出贡献。

维护世界和平与
促进共同发展的重要力量

历史和现实的经验表明，一支有活力的军队必然是开放的军队，封闭只会导致衰落。一支现代化的军队，不应该是一支停滞不前、故步自封的军队，而应该是一支与时俱进、胸襟开阔的军队。今天，中国正在走向世界，走向国际社会这个广阔舞台。中国致力于维护世界和平、促进共同发展，坚持在和平共处五项原则的基础上，独立自主地处理对外军事关系，开展国际军事交流与合作，展现了和平之师、文明之师、威武之师的独特风采。特别是进入21世纪以来，中国军队与世界的联系日益紧密，在世界安全事务中发挥越来越大的作用，成为维护世界和平与促进共同发展的一支重要力量。

（一）日益活跃的对外军事交往

中国军队遵循军事外交为国家总体外交服务、为国防和军队现代化建设服务的宗旨，积极开展灵活、务实的对外交往，为增进和加强同世界各国军队的互信、友谊和合作，为地区和世界的和平、稳定与发展作出了不懈的努力。这些军事外交活动的内容丰富多彩，形式多种多样，如高层军事领导人互访、国际双边或多边军事谈判、国际武器装备展览、国际军事贸易洽谈、国际军事学术交流、国际军事科技合作、国际军事文化交流、国际军事体育活动等。

迄今为止，中国已与150多个国家建立了军事关系，在109个国家设立了武官处，有98个国家在中国设立武官处。可以说，开放、务实、活跃的中国军事外交展示了中国军队热爱和平、维护和平的良好形象，架设了与世界各国军队加强交流、深化合作、共同发展的桥梁。

2009年4月27日，应邀访问俄罗斯的中国国防部长梁光烈在伏尔加格勒参观访问。

空军"八一"飞行表演队

近年来，中国与许多国家军事代表团互访日益频繁。2007 年美国国防部长、参谋长联席会议主席等军事领导人纷纷来访；中国国防部长出访俄罗斯则促进了中俄战略协作伙伴关系的深入发展；中国与欧盟国家军队领导人互访相继展开；2007 年 8 月，中国国防部长成功访问了日本；近年来，印度、朝鲜、韩国、巴基斯坦、孟加拉、泰国、缅甸、越南、蒙古等国军队领导人也相继来访，使中国同周边国家军队关系出现新的局面。中国与非洲、拉美等地区军队也保持着十分密切的交往，传统友好关系深入发展。

中国人民解放军海军是一支近海防御性的作战力量，但这并不意味着中国军舰只能在近海巡弋。随着改革开放步伐的加快和海军建设的发展，中国海军与外国海军的交往日益增多，在接待一批批来访的外国军舰的同时，中国海军也多次派军舰出访，为增进中国与受访国人民和军队之间的友谊作出了贡献。

空军飞行表演，也是对外军事交往的一种形式。中国人民解放军空军的飞行表演队，即"八一飞行表演大队"，素有"空中仪仗队"之称。这支"空中仪仗队"成了中国军队对外开放的一个"窗口"。观看过他们表演的外国领导人和军方人士，通过这个空中"窗口"，看到了中国军人的威武雄姿和中国空军的风采。迄今表演大队的所有飞行表演从未发生过事故。

中国军队积极参加各种国际军事学术会议，这对了解世界学术动态，交流中外军事学术成果，吸收国外先进技术和人才，都有重要意义。中国的民间军事团体也积极参加对外活动，如中国国际战略学会作为全国性国际战略问题的民间学术团体，已同许多国家的著名战略和国际问题研究机构建立了经常性联系，通过互相访问、举办双边和多边研讨会、参加有关国际会议、从事客座研究等，增进了相互了解和友谊。

中国人民解放军的各文艺团体经常出国访问，足迹遍布世界几十个国家和地区。与此同时，中国还多次接待外国军队文艺团体的来访。通过这些互访，促进了文化交流，发展了军事友好关系。

2004 年 8 月，中国人民解放军军乐队组团参加了 2004 爱丁堡军乐节。

中国军队还有不少体育团队，他们担负着代表军队参加国际体育活动，开展国际体育交往的任务。1979 年 1 月，中国人民解放军体育运动委员会正式加入了国际军事体育理事会，此后参加了该理事会主办的各种会议和比赛，在比赛中获得了良好的成绩。

作为国家总体外交的重要组成部分，中国的军事外交以增进友好合作、促进和平发展为目的，保持了良好的发展势头。中国和最大的邻国俄罗斯在继续推进多层次、多领域、全方位友好合作关系的同时，在许多重大防务问题上也密切合作。中俄两国军方高层人士已实现定期互访，两国国防部长多次举行会晤。包括军事在内的中俄战略协作关系进一步得到了加强，有力地推动

了全球战略平衡。2008 年 3 月 14 日，中华人民共和国国防部和俄罗斯联邦国防部正式建立直通电话，两国国防部长进行了首次通话。

中美两国在世界和平与发展方面有着共同的利益和责任。但中美两军的关系却一波三折，两军高层互访时断时续。近年来两军恢复了联系，两国军事代表团互访增多，对本地区乃至世界的安全与稳定起到了积极作用。2008 年 4 月 10 日，中美两国国防部直通电话正式开通，中国国防部长与美国国防部长首次通过直通电话，就双方共同关心的问题交换了意见。

中国与东北亚、南亚各国的军事互信关系也有明显进展。

中国与部分欧洲和第三世界国家军队也实现了互访。中

2006 年 9 月 7 日，中国海军舰艇编队开始对夏威夷珍珠港进行为期 4 天的友好访问。欢迎宴会上驻美大使、武官与两军将军在宴会上亲切交谈。

国与部分欧洲和第三世界国家军事合作的加强，有助于推动世界多极化进程。

中国和中亚国家、俄罗斯军队间多边合作的加强对维护地区稳定和安全发挥着重要作用。1996 年 4 月，中国、俄罗斯、哈萨克斯坦、吉尔吉斯斯坦、塔吉克斯坦五国元首于上海签署《关于在边境地区加强军事领域信任的协定》。2001 年 6 月 14 日，乌兹别克斯坦加入这一机制，"上海合作组织"诞生。上海合作组织就推动军事合作，共同打击民族分裂主义、宗教极端主义和国际恐怖主义等问题达成了广泛共识，将给 21 世纪世界的和平与发展带来积极的影响。上海合作组织所体现的和平、平等、合作、协商、互利等诸多原则，在 21 世纪必将具有旺盛的生命力。

中国军事外交的重点，一是增进与外军的友好往来，不仅与发展中国家的军队交往，也与发达国家军队交往。这种交往的深度和广度都将进一步发展。国防外事部门也会加强与各国武官的友好联系；二是发展对外军事经济关系。改革开放以来，中国按照友好、平等、互利的原则，积极慎重地同一些国家和地区开展了军品贸易，给中国国防科技工业带来了发展生机；三是创造对国家发展有利的国际环境。中国全面建设小康社会，需要一个和平的国际环境。国防外交要通过各种活动，加强对军事合作与交流，改善中国的战略态势，维护周边地区形势的稳定，减轻来自外部的各种压力，在国际环境中争取更大的主动；四是为国防现代化服务。紧紧围绕国防现代

2006 年 9 月 22 日，中塔两国军队首次联合反恐军事演习在塔吉克斯坦境内举行。图为参加演习的中方战士在表演功夫。

化的需要，适应当前世界军事的发展趋势，积极学习借鉴世界其他国家的经验，利用国际分工和国际军品交换，引进必要的先进技术和装备，开展军事学术交流，促进中国国防现代化事业的发展；五是让外部世界了解中国独立自主的和平外交政策，向国际社会表明中国国防的基本原则和防御政策，表明中国维护和平、促进共同发展的真诚愿望。

（二）积极参与联合国维和行动及执行护航任务

联合国维和行动是指根据联合国安理会或联大通过的决议，向冲突地区派遣军事人员以恢复和平的一种行动。它的目的是防止局部冲突的扩大或再起，从而为实现政治解决创造条件。中国作为联合国的重要成员和安理会常任理事国，一贯积极支持并参与联合国维和行动。

自 1990 年 4 月首次派遣五名军事观察员至 2009 年 10 月底，中国已累计派出 14650 人次维和官兵参与联合国全球范围内的 18 项维和行动，成为联合国主导的维和行动中派兵最多的安理会常任理事国。目前仍有 1861 名中国维和官兵在五个联合国任务区执行工程、医疗和运输等任务。在派出的维和军事人员中，中国军队先后有 8 名官兵在执行任务中牺牲，数十人受伤，为维护世界和平而献出了自己生命和鲜血。

进入 21 世纪后，中国仍本着《联合国宪章》的精神，积极参与联合国维和行动。2001 年 1 月，中国正式参加联合国维和行动一级待命安排机制，着手准备在适当时候向联合国维和行动提供工程、医疗、运输等后勤分队（可提供一个联合国标准工程营、一个联合国标准医疗分队、两个联合国标

2008 年 3 月 25 日，联合国在黎巴嫩南部的中国工兵营营区，隆重举行中国第三批赴黎维和部队授勋仪式，335 名官兵和 8 名参谋军官、军事观察员被授予联合国"和平荣誉勋章"。

准运输连）。2003 年 4 月，参加联合国维和行动的中国工兵连 175 名官兵和一个 43 人的医疗队赴刚果（金）。2003 年 12，中国赴利比亚维和部队首批 60 名官兵启程。2004 年 10 月 17 日，中国 95 名维和人员奔赴海地地区维和，这是中国第一次派成建制的人员执行维和行动，第一次进入位于西半球的美洲，第一次进入一个未建交国家。2007 年 8 月 27 日，中国军人首次被联合国秘书长任命为维和部队高级指挥官，反映了中国注重为维和行动做出实质性贡献的理念得到了国际社会的肯定。2007 年 11 月 23 日，中国首批 135 名工兵分队官兵赴苏丹达尔富尔维和，成为联合国部署到苏丹达尔富尔的第一支维和力量。预计中国维和部队在苏丹达尔富尔地区将达 300 多名官兵，他们将为该地区的稳定作出积极贡献。

中国维和部队自参加维和行动以来，以其良好的作风和高质量完成任务的能力，赢得了联合国维和行动领导机关和所在任务区人民的广泛赞誉。2008 年，亚丁湾、索马里海域的海盗问题日益突出，严重影响包括中国在内的世界各国航运船舶和人员安全，对国际组织和索马里运送人道主义物资的船舶也构成很大威胁，已经成为国际公害。联合国安理会多次通过决议，授权各国根据《联合国宪章》采取行动，在索马里海域打击海盗。索政府也呼吁各国进入其领海打击海盗。中国政府决定派遣中国人民解放军海军南海舰队 2 艘驱逐舰和 1 艘补给舰于 2008 年 12 月 26 日赴上述海域实施护航。这是中国积极履行国际义务，展示负责任大国形象，保护国家和人民利益，维护世界稳定与和平，特别是维护亚丁湾、

索马里海域的和平和安全的具体体现，展示了我军应对多种
安全威胁、完成多样化军事任务的信心和能力。

鉴于海盗袭击事件仍频繁发生，中国认为，为了更有效
地阻止海盗袭击事件的发生，国际社会应进一步加大海上护
航行动，同时有关参与国应改进护航行动的协调。2009 年 11
月 6—7 日，中国根据索马里海盗问题联络小组第一工作组要
求，邀请参与打击索马里海盗的有关国家和组织，在北京举
行了亚丁湾护航国际协调会议，进一步讨论在亚丁湾实行分
区护航合作。中国对护航国际合作持积极、开放态度，愿在
国际法和安理会相关决议框架下，与所有有关国家和组织开
展多种形式的双边、多边护航合作，共同应对索马里海盗威胁。

（三）影响深远的国际反恐合作与联合军演

当今世界并不太平，单边主义倾向仍有市场，恐怖主义
有增无减。中国认为，为应对这种挑战，必须加强国际合作，
走多边主义道路。

早已影响人类和平与安全的恐怖主义活动，从未像今天
这样突出地影响到各国安全。日益泛滥的恐怖主义给当今世
界安全投下了许多变数。

中国坚决支持和积极参加打击恐怖主义的正义行动。
2003 年 8 月 6 日至 12 日，中国与上海合作组织成员国中的俄
罗斯、哈萨克斯坦、吉尔吉斯斯坦、塔吉克斯坦的军队举行
了代号为"联合—2003"的联合反恐演习。2004 年 6 月后，
上海合作组织反恐怖机构已正式启动。2007 年 8 月 9 日至 17
日，"和平使命—2007"联合反恐军事演习在新疆乌鲁木齐和
俄罗斯雅宾斯克举行，"上合组织"五国都参加了这次演习。

2009 年 1 月 6 日，抵达亚丁湾的中国海军护航舰艇编队开始为第一批申请护航的 4 艘中国船舶实施伴随护航。

在俄罗斯雅宾斯举行的演习，是中国军队陆军部队和空军部队进行的第一次远程兵力投送和跨国兵力部署。

"9·11"事件后，中美在反恐领域开展了情报合作，中美海上军事安全磋商机制逐步恢复，2003 年 10 月 24 日，中国国防部长应邀赴美国进行正式访问，与美国国防部长就国际和地区安全问题以及两国、两军关系进行了"积极的建设性的和富有成果的"会谈。2006 年 9 月和 11 月，中美两国海军分别在美国西海岸和中国南海附近分二个阶段举行了海上联合搜救演习。2007 年 11 月，美国新任国防部长访问中国，中美军事合作进一步加深。

2002 年以来，中国军队开始有选择地参加双边和多边联合军事演习，以拓宽中国与有关国家务实性军事交流与合作的领域。近年来，中国先后与上海合作组织成员国、印度、巴基斯坦、英国、法国、澳大利亚等国进行了多次联合军事演习，演习科目涵盖了反恐、反走私、缉毒、海上搜救等多个非传统安全领域。

2003 年 10 月 22 日，中国海军军舰与来访的巴基斯坦海军军舰在上海附近的东海海域举行了代号为"海豚0310"的联合搜救演习，这是中国海军首次与外国海军进行非传统安全领域的联合演习。2004 年 8 月 6 日，中国人民解放军与巴基斯坦武装部队在新疆帕米尔高原中巴边境地区成功举行了代号为"友谊—2004"的联合反恐军事演习。这次演习是中巴两国军队的首次联合反恐军演。2005 年 11 月 25 日，由中国"深圳"号导弹驱逐舰和"微山湖"号综合补给舰组成的出访舰艇编队，首次在阿拉伯海北部海区，与巴基斯坦海军举行代号为"中巴友谊—2005"、以联合搜救为主要内容的非传统安全领域演习。2006 年 12 月 11 日至 18 日，中国和巴基斯坦在巴基斯坦阿伯塔巴德地区举行代号为"友谊—2006"的联合反恐军事演习。

2009 年 7 月 23 日上午，"和平使命—2009"中俄联合反恐军事演习参演部队在沈阳军区洮南合同战术训练基地进行实兵实弹演练。

2003 年 11 月 14 日，中国海军军舰与来访的印度海军舰艇编队在上海附近的东海海域进行了代号为"海豚0311"的联合搜救演习，这是中国海军首次与印度海军进行非传统安全领域的联合演习。2005 年 12 月 1 日，由"深圳"号导弹驱逐舰和"微山湖"号综合补给舰组成的中国海军舰艇编队在印度洋北部海域与印度海军举行代号为"中印友谊—2005"的联合搜救演习。2007 年 12 月 19—27 日，中印两国陆军在中国昆明举行"携手—2007"反恐联合训练。2008 年 12 月 5—14 日，中印两国陆军在印度贝尔高姆地区举行"携手—2007"反恐联合训练。

2004 年 3 月 16 日，中国海军与法国海军在青岛附近的外海进行联合军事演习。在本次演习中，两国海军成功完成了两军首次海上直升机互降。

2004 年 6 月 20 日，中国海军与英国海军在青岛附近的黄海海域进行联合海上搜救演习。这是中国海军与英国海军

2009 年 4 月 23 日，为庆祝中国人民解放军海军成立 60 周年海上大阅兵，在青岛附近的黄海海域举行。图为接受检阅的中国海军舰艇编队。

举行的第一次联合演习，并且首次邀请了美国、法国、德国等 15 个国家的 15 名驻华海军武官在"哈尔滨"号上全程观摩演习。

2005 年 8 月 18 日，中俄两军历史上具有历史意义的"和平使命—2005"联合军事演习首先在俄罗斯东部港口城市符拉迪沃斯托克开始，后在中国山东进行实兵实弹演习，进一步加深两国军队之间的友好合作关系。

2007 年 5 月 11—23 日，中国海军"襄樊"号导弹护卫舰参加由新加坡主办的"2007 亚洲国际海事防务展"和在新加坡附近海域举行的"第二届西太平洋海军论坛多边海上演习"。这次多边海上演习共有来自中国、美国、法国、日本、澳大利亚、新西兰、印度、巴基斯坦、韩国、新加坡等 12 个国家的 15 艘军舰参加。

2009 年 4 月 23 日，为庆祝中国人民解放军海军成立 60 周年，中国海军在青岛港及青岛附近海域举行了海上阅兵活

2008 年 4 月 3 日，美国海军陆战队司令詹姆斯·康威上将一行，专程到中国南海舰队野外两栖登陆训练场，参观反恐军事演练。

动。中方受阅兵力包括舰艇 25 艘、飞机 31 架，受阅舰艇分为潜艇群、驱逐舰群、护卫舰群和导弹艇群，受阅飞机分为 9 个空中梯队。受阅武器装备全部为我国自行制造。此外，来自 14 个国家的 21 艘舰艇也受邀参加。这是中华人民共和国历史上首次举行多国海军检阅活动。

中国自古崇尚以和为贵、协和万邦、亲仁善邻的和平思想。中国倡导的新安全观的实质就是超越单方面安全范畴，以互利合作寻求共同安全。中国军队参加的双边和多边联合军事演习谱写了国际安全合作的新篇章。

（四）更加透明开放的中国军队

中国军队，作为一支奉行防御性军事战略、以维护和平为目的、实行开放合作的现代化军队，在 21 世纪以更加开放的姿态走向世界，以更加开阔和自信的胸襟接纳世界。"请进来，走出去"，是中国军队走向世界、与世界接轨、展示更加透明开放的重要做法。

自 1995 年首次发表军控与裁军白皮书后，到 2006 年，中国先后 5 次发表国防白皮书，2009 年 1 月发布 2008 年中国国防白皮书，它们都及时、客观地反映国际安全形势的新变化、中国国防政策的新内容、国防和军队建设的新发展，中国国防政策和战略意图展示得越来越清晰。中国国防部建立了新闻发言人制度，针对中国国防问题开展新闻发布工作，并于 2008 年 5 月 18 日首度发布中国四川抗震救灾相关信息。

自 2000 年以来，中国先后 5 次邀请外国军事观察员或驻华武官观摩中国军队举行的军事演习。2005 年 9 月 27 日，来自 24 个国家的军事观察员观摩了在北京军区朱日和合同战术训练基地观摩了"北剑—2005"实兵实弹演习。这是新中国成立以来,中国军队邀请国家最多、展示规模最大的一次演习。2007年10月,美国国防部长访问了中国第二炮兵司令部,这是中国第二炮兵部队第一次向外军领导人敞开大门,表明了中国军队的开放透明进程日益加快。

在欢迎外国军队"走进来"的同时,中国军队还以更加开放自信的姿态"走出去"。2001年以来,先后10多次派团或观察员赴俄罗斯、日本、韩国、新加坡、澳大利亚等国观摩其军队组织的训练演习活动,也派团观摩了美、泰等国联合举行的"金色眼镜蛇"演习。2007年11月28日,中国海军"深圳"号导弹驱逐舰访问日本,345名官兵随舰出访。这是中华人民共和国成立后中国海军舰艇首次访问日本。通过"走出去"的方式,中国军队官兵能够直观地了解外国的军事理论和实践。

在重视营造互信协作的氛围的同时,为进一步加强沟通、消释疑虑、增进互信,中国军队更加积极地开展双边防务磋商,更加广泛地参与多边安全对话,为加强军事互信提供了有效的机制保障。截至目前,中国军队在与美国、俄罗斯、日本、澳大利亚、英国、法国等国家建立防务安全磋商机制的基础上,逐步与巴基斯坦、蒙古、泰国、越南、菲律宾等周边国家,乃至相距遥远的南非、意大利等国家,开展"面对面"的防务交流和对话,疏通拓宽了军事互信的渠道。

2007年11月28日,中国海军导弹驱逐舰"深圳号"驶入东京湾晴海码头。这是中国人民解放军海军军舰首次访问日本。

2009 年 8 月 20 日中华人民共和国国防部网站试开通当日截屏图。

2009 年 8 月 20 日，经中央军委批准，中华人民共和国国防部网站上线试运行。域名为 www.mod.gov.cn，目前开通中、英文两种版本。国防部网站受到了中外民众的广泛关注，自开通以来的头三个月，点击量已达到 12.5 亿次。中华人民共和国国防部网站是国防部官方网站，主要发布中国国防和军队建设的权威信息。国防部网站旨在对外传递中国军方声音，宣传中国国防政策，加强与外军交流合作，展示中国军队威武之师、文明之师、和平之师的良好形象，促进国防和军队现代化建设。这一举措无疑将大大增加中国军队和中国国防的透明度。